Mon enfant
contre une bombe

Josée-Anne Desrochers
avec la plume d'Hélène Bard

Mon enfant contre une bombe

ÉLAGAGE

 TRAIT D'UNION

ÉDITIONS TRAIT D'UNION
428, rue Rachel Est
Montréal (Québec)
H2J 2G7
Tél. : (514) 985-0136
Téléc. : (514) 985-0344
Courriel : editionstraitdunion@qc.aira.com

Mise en pages : Édiscript enr.
Révision : Louis Royer
Photo de la couverture : Marco Weber/TVA Magazines
Maquette : Olivier Lasser

Données de catalogage avant publication (Canada)

Desrochers, Josée-Anne, 1965-

Mon enfant contre une bombe

(Collection Crime et société)

ISBN 2-922572-90-0

1. Crime organisé – Québec (Province). 2. Motards (Gangs) – Québec (Province). 3. Victimes d'actes criminels – Québec (Province). 4. Familles de victimes d'homicide – Québec (Province). 5. Desrochers, Daniel. 6. Desrochers, Josée-Anne, 1965-   . I. Bard, Hélène, 1960-   . II. Titre. III. Collection

HV6439.C32Q8 2002   364.1'06'09714   C2002-940215-8

DISTRIBUTEURS EXCLUSIFS

POUR LE QUÉBEC ET LE CANADA
Édipresse inc.
945, avenue Beaumont
Montréal (Québec)
H3N 1W3
Tél. : (514) 273-6141
Téléc. : (514) 273-7021

POUR LA FRANCE ET LA BELGIQUE
D.E.Q.
30, rue Gay-Lussac
75005 Paris
Tél. : 01 43 54 49 02
Téléc. : 01 43 54 39 15

Nous remercions le Conseil des Arts du Canada de l'aide accordée à notre programme de publication.

Nous bénéficions d'une subvention d'aide à l'édition de la SODEC.

THE CANADA COUNCIL | LE CONSEIL DES ARTS
FOR THE ARTS | DU CANADA

SODEC
Québec ::

Pour en savoir davantage sur nos publications, visitez notre site www.traitdunion.net

À Benoît, à Daniel et à Marie-Perle.

Préface

Josée-Anne Desrochers ne s'est jamais remise de la mort de son fils Daniel, tué par l'explosion d'une bombe des Hells Angels, le 9 août 1995. L'enfant de 11 ans est entré dans l'histoire en devenant la première d'une vingtaine de victimes innocentes de la guerre des motards. Dans ce livre, la mère éplorée lance un vibrant cri du cœur, un appel au secours.

Mme Desrochers vivait dans un quartier populaire de l'est de Montréal et n'avait pas eu la vie facile. La mort de son fils l'a propulsée au centre de l'actualité. D'abord en tant que mère d'un enfant tué par une bombe, elle a eu à affronter les médias, les voisins et le public en général. Après s'être cherchée un certain temps, la jeune femme s'est lancée à corps perdu dans une campagne de sensibilisation du public afin que les policiers disposent de lois plus efficaces pour combattre les motards criminalisés et le crime organisé en général.

Même si la loi antigang tant réclamée est entrée en vigueur au Canada en janvier 2002, Josée-Anne

Desrochers paraît encore déçue. En fait, elle ne pourra jamais retrouver ce fils qu'elle a perdu dans la folie meurtrière de cette absurde guerre de motards.

Pourquoi tuer 160 personnes afin d'acquérir sur un territoire l'exclusivité du commerce illicite des drogues ?

Daniel Desrochers n'a pas eu la chance de vivre dans de beaux quartiers à l'abri des injustices et des criminels violents. Sa mère a cru qu'en s'impliquant socialement elle pourrait faire son deuil. Elle a cru un peu en la justice.

Aujourd'hui, elle est amère. Amère parce que les assassins de son fils n'ont jamais été traduits en justice. Amère parce qu'elle estime que les meurtriers s'en tirent trop facilement dans notre système judiciaire. Amère aussi parce qu'elle ne pourra jamais oublier cet enfant mort d'une si horrible façon.

Elle avait vu son fils enjoué à l'aube de la dernière journée de sa vie. Comment pourrait-elle oublier cette autre image de lui vue ensuite à la télévision, où il gisait la tête ensanglantée sur une civière d'Urgences-Santé ?

Elle croit que la mort de Daniel aura été inutile et elle a sûrement raison. Toutefois, ce décès aura été le point tournant de l'une des pages les plus sombres de l'histoire de la justice au Québec. C'est après la mort du jeune Daniel Desrochers que la police et les autorités se sont réveillées.

C'est à partir de ce jour d'août 1995 que plusieurs citoyens ont commencé à penser sérieusement aux dommages que cette guerre entre bandits assoiffés d'argent et de pouvoir provoquait dans nos vies. C'est à partir de ce jour que plusieurs citoyens ont réalisé qu'il fallait poser des gestes concrets pour faire cesser cette tuerie.

Les policiers ont unifié leurs efforts et créé une brigade spéciale, baptisée Carcajou. C'est cette équipe qui, durant plusieurs mois, a multiplié les arrestations et les saisies d'armes et de dynamite.

Les groupes les plus faibles ont été les premiers à se faire prendre dans les filets des enquêtes policières. Il aura fallu six ans pour que les plus forts, les mieux organisés, soient traduits devant un juge. Un jury décidera éventuellement de leur innocence ou de leur culpabilité.

Un délateur et de longues enquêtes policières ont permis de faire la lumière sur les circonstances qui ont entraîné la mort du petit Desrochers. La preuve étant insuffisante pour traduire en justice les responsables, le dossier dort toujours dans les archives de la brigade des homicides de la police de Montréal. Deux des assassins de Daniel sont morts. Leurs corps ont été retrouvés dans des sacs de couchage dans le fleuve Saint-Laurent. Assassinés par leurs amis, disent les policiers. Il est à souhaiter qu'un jour tous les autres individus responsables de la mort de Daniel Desrochers, ainsi que de la souffrance infligée à ses proches, aient à répondre de leurs actes.

D'ici là, Josée-Anne Desrochers a choisi de poursuivre son combat. Elle s'implique encore dans des efforts collectifs. Aujourd'hui, elle conteste le traitement réservé aux familles des victimes des motards. Elle croit que ces personnes ont droit à de meilleures compensations de la part du gouvernement du Québec.

Les ministres semblent ignorer son appel. Ils n'ont toutefois pas fini de l'entendre crier son désespoir.

C'est sa façon à elle de survivre.

Son cri est un cri du cœur.

Un cri pour Daniel, dont la vie a été volée.

Michel AUGER
journaliste
Montréal, le 5 février 2002.

Lettre à mon fils

Chertsey, le 20 octobre 2001.

Mon Daniel, mon ange,

Je suis seule, ce soir. Michel, mon conjoint, et ta sœur Marie-Perle sont tous deux sortis en même temps que la nuit tombait, dure, froide, pleuvant des clous.

Un enfant est mort aujourd'hui, encore. Un beau garçon d'à peine 17 ans. Un autre, atteint par la balle d'un motard, d'un habitué de la haine qu'aucun cri venant de mon ventre ne saurait toucher.

Si tu savais comme je suis triste, mon amour. Triste et si seule, à jamais sans toi. Après six longues années passées à me battre afin que soient un jour reconnus et défendus les droits des victimes d'actes criminels, après tant de temps passé loin du bonheur, les yeux moins verts et plus rouges qu'avant, le corps raide, la voix forte, des dossiers plein les bras et de la volonté à revendre, il me semble n'être plus, ce soir, que la carcasse d'un oiseau sombre gisant sous un ciel trop lourd.

13

Mais quand donc tout cela cessera-t-il? Quand est-ce que l'horreur fera place à l'amour?

Je suis fatiguée. Ma peine est sans borne, totale, et ajouterais-je une bûche dans le poêle, essaierais-je de chanter, de jouer de l'accordéon, de songer à ce que la vie m'apporte encore de tendre et de beau, j'aurais toujours l'impression qu'il n'y aura plus rien pour me réchauffer et me rendre heureuse, désormais. Quelqu'un, quelque part, m'aurait-il tuée, moi aussi?

Pleurer. Me laisser aller et me vider de toutes mes eaux-dégoûts… La pluie noire de la nuit me va comme un gant, ou plutôt comme une robe, celle que je portais le jour de tes funérailles, le 16 août 1995.

Ah! mon fils… Pourrais-tu m'apparaître, là? Pourrais-tu me parler, m'aider? J'aurais tellement envie de revoir ton petit visage taquin, tes yeux brillants, noirs du noir de toutes les couleurs mises ensemble, et tellement envie d'entendre ta voix, si douce, me répéter que le père Noël existe et que les méchants finiront tous par devenir bons, et d'entendre ton rire, celui qui me faisait si bien rire aussi.

Tu sais, il n'est rien de toi qui ait, pour moi, sombré dans l'oubli. Ma mémoire est pleine, intacte et tenace. J'ai conservé les choses auxquelles tu tenais: tes cartes de hockey, ton jeu d'échecs, ton costume de scout. Fermant les yeux, j'arrive parfois à te sentir encore, buvant à mon sein ou me sautant au cou, ou à te voir courir derrière ton frère aîné, consoler ta petite sœur… Rarement tu te fâchais contre eux. Benoît et Marie-Perle. Tu leur manques, vois-tu, et je ressens leur chagrin de la manière qui est la mienne, celle d'une mère intuitive à qui on ne peut rien cacher vraiment. Dis, pourrais-tu leur faire un signe, les rassurer, leur parler de ta vie « là-haut » ?

Je sais : j'en suis à espérer des miracles. Tout au fond de mon désespoir, il y a toujours eu ce *quelque chose-là*, comme une étincelle, la folle croyance que tu puisses exister encore par-delà la mort. Ou peut-être te réincarneras-tu un jour ? Alors, je voudrais que tu sois pareil, exactement le même que celui qui est sorti de mon ventre le 24 décembre 1983. Tu aurais bientôt 18 ans. Quelle fête on te ferait, mon Daniel !

L'emploi du conditionnel me fait mal. D'ailleurs, l'écriture de ce livre représentera pour moi une dure épreuve. Ma collaboratrice le sait déjà, qui dépose des kleenex à côté du magnétophone lors de nos entrevues. Par contre, je sens qu'il y va de ma libération, voire de l'exorcisme de ma souffrance. Jusqu'à aujourd'hui, on m'a interrogée, photographiée, utilisée, mais sans jamais me laisser le temps de parler vraiment, de me débarrasser de tout ce qui encombre mon âme, de dénoncer l'injustice dans laquelle on maintient les victimes (je pense, par exemple, à cette femme qui pleure, ce soir, et à laquelle on offrira demain quelques centaines de dollars pour les funérailles de son fils tandis qu'on versera quantité de millions pour la réfection du toit du Stade olympique), et de dénoncer aussi tous ces sans-cœur qui sont au pouvoir, interlope ou politique.

Pardonne-moi si je m'emporte (tu sais à quel point je suis sensible et émotive). Il me faudrait ta force, ton courage et ta tendresse. Moi, on m'a transformée en bête solitaire et méfiante. J'ai peu d'amis. J'aurais besoin que tu sois là. Comme il manque au monde ta lumière, mon amour.

Je ne veux plus que tu meures! Tu m'entends? Je m'adresse à ton âme, qui est pareille pour moi à celle de tous les enfants réunis. Je ne veux plus d'enfances mortes. C'est dire que je ne veux plus de mères mortes non plus. Tu comprends?

Je t'aime.

Maman xxx

1

N'aimer

Je n'ai pas été aimée souvent. D'ailleurs, je crois qu'il n'y a pas de mot plus galvaudé que celui-là. On *n'aime...* En remontant le chemin de mon passé, j'arrive difficilement à prononcer ce verbe autrement qu'en disant *n'aimer*, comme dans «n'aimer personne»...

Je suis née le 26 février 1965 dans le quartier de Hochelaga-Maisonneuve, à Montréal. Ma mère, d'origine italienne, avait été une «enfant de Duplessis», c'est-à-dire une fillette abandonnée, maltraitée, perturbée. Adulte, elle devint volage, et fut souvent malicieuse et méchante. J'avais l'impression qu'elle me détestait. Mon père, non-voyant, accordait des pianos et m'aimait d'une tendresse... aveugle, sexuée. J'étais sa fille unique. À l'âge où mes six frères s'amusaient ou se chamaillaient, moi, j'ai appris – trop tôt – que l'amour et le sexe ne faisaient qu'un dans la tête des hommes.

J'avais sept ans quand mon père m'a pénétrée pour la première fois. Il l'a fait délicatement, sans déchirer mon hymen, ni cette fois-là ni par la suite, ce qui m'a valu de n'être jamais crue et d'être traitée de menteuse par ma mère. Puis ce fut au tour de mon frère adoptif, qui réussit à me convaincre de tout l'amour qui faisait se gonfler son sexe à mon contact… Cela a duré jusqu'après mon mariage – jusqu'à ce que je le menace de tout révéler. Je fus aussi abusée par deux autres de mes frères ainsi que par certains de mes oncles, pour qui ma culotte semblait remplacer le bénitier… tandis que mon corps se figeait comme une statue d'église et que mon cri demeurait silencieux, comme dans les rêves.

Ainsi donc, je ne serais jamais aimée que dans la mesure où on désirerait jouir de mon corps? Ça ne tombait pas si mal pour moi puisque j'étais jolie, une blonde filiforme avec de grands yeux verts… Cela signifiait que je ne manquerais jamais d'affection…

Enfin, je fus longtemps à vivre dans la confusion la plus totale, ressentant à peine tout le mal dont on m'imprégnait.

J'étais pourtant ce qu'il convient d'appeler une «bonne fille», attentive et douce, curieuse et désireuse de réussir sa vie. J'aimais chanter – encore aujourd'hui, on m'appelle le «juke-box» –, bouger, rire et m'occuper des autres. Je serais infirmière.

Mais quelque chose manquait encore à mon bonheur, quelque chose que je n'aurais pas su définir. Il y avait en moi un grand vide à combler. Adolescente, je pensais que la solution devait se trouver dans les bras des garçons et, à 17 ans, je tombai enceinte d'un courant d'air, d'un géniteur de passage.

Ma grossesse se passa dans la solitude, entre crises de larmes et vomissements, sentiment de honte et enflure anormale, mais avec la ferme intention de garder l'enfant. Il serait à moi. Cet amour-là serait enfin le mien… Dès lors, ma mère cessa de m'adresser la parole : j'étais une garce. Puis elle se ravisa, deux mois avant mon accouchement : *elle* aurait un bébé !

Et elle l'eut, en effet. Benoît naquit prématurément, à la suite d'une césarienne, d'une fille-mère à demi-morte : des complications dues à de l'hypertension ont fait que je me suis trouvée dans le coma pendant treize jours, prise de convulsions, frôlant l'explosion. À ma sortie de l'hôpital, je dus me rendre à l'évidence : je ne pourrais m'occuper de Benoît toute seule. Je tenais à peine debout.

Je louai un logement tout près de chez mes parents, où mon fils habita plus souvent que chez moi jusqu'à l'âge de huit ans. Je lui rendais visite tous les jours après mes cours, puis, plus tard, après mes heures de travail à l'hôpital Notre-Dame, où j'assistais des patients en phase terminale.

Bientôt, ma mère commença à se faire appeler « m'man ». Je n'avais qu'à bien me tenir ! « C'est pas tout d'avoir un bébé, disait-elle, encore faut-il l'élever ! »

Mais qu'est-ce qu'*élever* un enfant? Est-ce le gaver jusqu'à ce qu'il soit rendu «dans ses grosseurs», comme dirait l'écrivain Victor-Lévy Beaulieu, ou ne s'agirait-il pas plutôt de l'amener à «se hisser plus haut», avec tout ce que cela comporte d'encadrement autant que d'amour et de joie à transmettre? J'étais bien malvenue de faire valoir mon point de vue. On m'avait enlevé mon fils, et la seule définition du bonheur qu'il connaîtrait pendant longtemps serait celle qui était apprêtée à la sauce servie par sa grand-mère.

Saurait-il, un jour, la recracher? J'avais, de mon côté, assez vomi, merci... Mais cela ne suffisait pas à faire de moi une femme forte et libre. Je la cherchais, cette femme, ignorant sur quelle planète elle se trouvait, mais sachant déjà qu'elle n'y serait pas seule. Je voulais un autre bébé, déjà. J'en voulais un à moi.

Sept mois après la naissance de Benoît, j'ai rencontré Richard. Coup de foudre! Il m'aimait, croyais-je, en m'acceptant telle que j'étais, avec un enfant dans mon sillage. Je me suis blottie contre son grand corps musclé et j'ai fermé les yeux. En vérité, je ne les ai plus rouverts. Mon tour était venu de connaître la cécité. Tandis que Richard *se* faisait l'amour en moi (c'était la façon de faire, non?), je rêvais... tant et si bien qu'un petit nuage se transforma en chair de ma chair...

Le bonheur!... Sauf que, lorsque Richard apprit que j'étais enceinte, il me quitta. Je commençais mon quatrième mois de grossesse.

Cette fois, je n'ai pas voulu de ma faiblesse et je l'ai jetée loin de mon cœur. Non! on ne m'aurait plus! Cette nouvelle grossesse serait normale! Et je me suis résolue à revivre l'expérience si douloureuse d'enfanter toute seule.

Oh! mais quel beau cadeau de Noël je reçus en ce 24 décembre, à 23h04, et sans césarienne! « Daniel. Je l'appellerai Daniel », me dis-je en le voyant. Déjà content de vivre, déjà glouton... Je découvris les joies de l'allaitement, lequel m'avait été défendu pour Benoît. Et, redécouvrant la mère en moi, j'y trouvai également une femme, enfin une vraie. Je venais d'entrer dans l'âge adulte pour de bon.

J'eus droit à deux mois de congé de maternité pendant lesquels je passai le plus clair de mon temps à nourrir mon bébé, à le déshabiller (son petit corps si pur, si parfait, tenait pour moi du miracle et je ne me lassais pas de m'en émerveiller), à le dorloter, à le rhabiller, le plus souvent de vêtements griffés dans le style Pierre Cardin. J'étais fière, heureuse. Il faut dire que j'avais beaucoup d'appui et d'aide de Réal, un ami irlandais que j'avais connu durant ma grossesse et qui, bien que beaucoup plus vieux que moi, me fut d'un réel secours durant cette période. Je m'empêchai d'en tomber amoureuse; faire l'amour avec lui m'aurait trop rappelé mon père. Je l'aimais d'un amour fraternel, ébahie par la générosité et le respect qu'il me démontrait.

J'avais alors emménagé, rue Saint-Clément, dans un bel appartement lumineux composé de trois grandes pièces doubles que je partagerais avec mes deux fils, du moins tant qu'il me serait possible d'y recevoir Benoît. Tout petit, il avait développé de sérieux problèmes respiratoires qui semblaient plus graves en ma présence. Qu'y comprendre sinon qu'il me rejetait déjà, préférant les bras de sa grand-mère? J'avais beau entretenir la propreté de notre logis de façon quasi obsessive, n'y poser aucun tapis, le problème persistait. Il semble bien que mon fils aîné ait réagi instinctivement, en tombant malade, à l'abandon ressenti dès sa naissance. Je m'en suis sentie longtemps défaite, assaillie par la culpabilité et le sentiment d'un amour raté à tout jamais. Plus tard, il arriverait à provoquer lui-même de fortes crises d'asthme chaque fois qu'il n'aurait pas ce qu'il désire, ou encore quand je lui imposerais certaines restrictions contraires à la totale permissivité de sa grand-mère. C'est dire comme j'en ai voulu à celle-là qui, plutôt que d'encourager le développement de ma relation avec mon enfant, s'en était servie pour me déclarer la guerre, à moi sa fille, ne soupçonnant sans doute pas à quel point elle contribuerait à faire de Benoît ce qu'il deviendrait, un jeune adulte… désœuvré, malheureux.

* * *

– Richard, ton fils a deux mois. Il te ressemble comme deux gouttes d'eau. Il faut que tu le voies!

– *Crisse de tabarnac!*

Il est venu quand même. J'ai mis Daniel dans ses bras.

– O.K., m'a-t-il dit, je vais essayer de l'aimer.

Et nous avons recommencé à nous voir. Ma mère, tenant Richard pour un lâche, exigea de lui qu'il m'épouse avant de remettre les pieds chez elle. Paradoxalement, quand je lui appris la nouvelle de notre union prochaine, elle me sauta à la gorge en me traitant d'idiote! (Elle avait des réactions si bizarres…) Puis, retrouvant son calme, elle me dit qu'elle n'avait rien à porter pour la circonstance et que, si j'assumais les coûts de sa toilette, elle voudrait bien se présenter à l'église.

En ce temps-là, Richard était plâtrier et tireur de joints (comprenez-moi bien!). Il buvait constamment et prenait de la cocaïne également. Aussi, trois mois après nos retrouvailles, il s'est amené à nos noces les cheveux longs et sales, l'haleine fétide et l'œil éteint. Visiblement, c'était lendemain de veille pour lui. De mon côté, ayant déjà dépensé 2 600 $ au paiement de toutes les factures, j'avais emprunté à une belle-sœur une chic robe blanche assortie d'un grand chapeau à la bordure ornée de perles et de pierres brillantes. Cendrillon elle-même en aurait été fière! Autour de moi fusaient les compliments, mais pas un seul ne sortit de la bouche (édentée… car il n'avait même pas pris la peine de mettre sa prothèse dentaire) de celui que j'aimais… les yeux fermés.

D'un coup, ils s'ouvrirent grand. « Quelle gaffe! » me dis-je. Et, dès ce moment, je sus que j'allais être malheureuse avec ce type-là. Alors que j'étais devenue une mère « capable » et que je croyais avoir trouvé une planète où m'épanouir pleinement, le constat de ma bêtise vint égratigner jusqu'au sang ma confiance et mon amour-propre. Autrement, j'aurais reculé, je me serais sauvée à toutes jambes, quitte à perdre un escarpin dans l'escalier extérieur ! Mais j'avais le corps paralysé, comme au temps de l'inceste et des abus.

Venu l'échange des vœux et des bagues (des blagues ?), Richard se mit à rire débilement… Puis, plus tard, entrant dans la suite que j'avais louée au Reine-Élisabeth, il se dirigea vers le lit et s'y endormit aussitôt.

Cendrillon enleva ses chaussures et sa robe, quittant à jamais le Grand Livre des contes de fées, et s'en fut travailler…

Nullement attirée par la délinquance de mon mari, j'appris plutôt à me défoncer à l'ouvrage, soucieuse qu'il ne manque jamais de rien à la maison. Et c'est à force de labeur et d'amour pour mes enfants que, peu à peu, je retrouvai ma confiance en moi-même. Cette confiance demeurait cependant limitée à ma personne. Je ne me blottirais plus jamais contre le corps d'un homme les yeux fermés ! Ah ! ça non, madame ! (Pourquoi n'ai-je pas copié cent fois cette phrase ?)

Enfin… Emménageant rue William-David, à l'est du boulevard Pie-IX et plus près encore de chez mes parents pour que mes deux garçons puissent jouer ensemble à loisir, je retroussai mes manches et ne faillis jamais à accomplir tout ce qui était nécessaire à la survie de la maisonnée. Je fus vraiment ce qu'on appelle « l'homme de la situation ». Ma foi, je pourrais aujourd'hui me lancer en affaires tant je sais me débrouiller dans une maison !

Richard, quant à lui, travaillait suffisamment pour subvenir aux besoins d'une belle et grande famille… qu'il incarnait à lui seul, me lançant, chaque semaine, un billet de vingt dollars accompagné d'un de cinq, « en tout et pour tout ».

Ma mère ne l'aimait pas beaucoup, Richard, hormis ces moments où elle et lui se retrouvaient en tête-à-tête à jaser de mon sale caractère. Elle avait alors pour lui de ces décolletés plongeants ! Tandis que je suis si *plate*, frêle et délicate…

Elle continuait à aimer Benoît aussi. Levait-il la main pour quémander quelque chose qu'elle le lui offrait aussitôt.

– Un gros camion Tonka jaune, tu dis ? O.K., mais il sera défendu de le prêter à ton frère.

Alors je me précipitais au magasin afin d'en acheter un autre pour Daniel. Même chose pour les vêtements qui n'allaient plus à Benoît : ils ne pourraient *jamais* habiller Daniel.

Ma peine fut grande en ce temps-là. Privée d'amour, blessée profondément par l'attitude de ma mère et les réactions de mon fils (chacune des crises de Benoît me faisait l'effet d'un coup de poignard en plein cœur), violentée chaque jour par les jurons d'un mari malade, j'aurais pu sombrer comme d'autres dans une grave dépression. Je me demande d'ailleurs d'où me vient cette folle énergie que je possède encore. On dirait que l'habitude de souffrir depuis que je suis enfant m'a fait me couvrir d'une deuxième peau, de métal celle-là... Une peau qui ne ressentirait plus rien, ni caresses obligées ni coups de poing, qui ferait rebondir vers le tueur la balle de plomb tirée, et qui garderait mon cœur en dessous, bien à l'abri.

Richard ne s'occupait ni de moi ni de son fils. Il a battu Daniel alors qu'il n'avait que cinq mois parce qu'il pleurait de la percée de ses dents. Mais il n'a jamais réussi, pas plus que quiconque, à me faire fléchir, moi. J'avais choisi d'être une gagnante en ce *bas* monde, et aucune paire de gros bras menaçants n'aurait raison de ma détermination.

* * *

Car notre monde est vraiment *bas*, je trouve. Trop peu de gens lèvent la tête vers la lumière. Pourquoi ?

Et moi-même, pourquoi ai-je passé tant d'années auprès d'un homme qui m'aimait si mal ?

Il y a des énigmes que je ne saurais résoudre. Je suis une fille simple, qui aime les animaux et la nature, et qui ne se préoccupe pas de tout analyser. Il m'arrive cependant de m'interroger sévèrement. Je trouve alors souvent plus pénibles les réponses qui me viennent que les questions que je me pose.

Je ne voulais plus d'enfant. Puis, une nuit, Richard refusa de retenir son éjaculation et me féconda. J'ai réfléchi deux mois durant avant de décider de garder le bébé. L'échographie avait révélé qu'il s'agissait d'une fille et, cette fois, mon mari semblait content de me savoir enceinte. « Enfin, me dis-je, ce sera la première fois que je vivrai une grossesse avec un homme. » Le rêve... Me faire caresser le ventre, être rassurée, être *deux amours* pour mon bébé...

Naïve, vous dites ? Pire ! Je ne sais pas combien de vies il me faudra traverser avant d'apprendre à m'attirer du bonheur. En disant cela, je pleure...

Tout comme j'ai pleuré de joie à l'arrivée de ma petite fille...

Elle était si belle que je l'ai appelée Marie-Perle ! Marie-Perle Desrochers. Je lui ai donné mon nom comme aux deux autres. Je préfère, et de loin, la roche sous mes pieds aux lointaines brumes des alcooliques et des drogués.

J'utilisai tout mon remboursement d'impôt (presque 3 000 $) pour lui payer rien que du neuf en rose et blanc, des meubles aux accessoires de sa chambre, des robes aux boucles à cheveux. Richard était fou de rage. « Tant pis, me dis-je, il se mettra de la poudre pour bébé dans le nez. Il paiera sa part. »

M'être trompée encore une fois… La dispute éclatait quotidiennement. Daniel, trois ans, se bouchait les oreilles. Son père (pourquoi?) feignit de le lancer dans un camion d'ordures ménagères.

J'en avais assez.

Alors que Marie-Perle n'était encore qu'un bébé, ce fut la séparation définitive. Je l'ai fait exprès. J'ai trompé mon mari.

Quand il est parti, j'ai «fait de l'argent»… en vendant les trente-six caisses de vingt-quatre bouteilles de bière vides qu'il avait accumulées depuis un mois.

2

Un rayon de soleil

C'était le temps des fleurs
On ignorait la peur
Les lendemains avaient un goût de miel [1]

L'hiver avait fondu d'un coup et les rues ressemblaient à des ruisseaux. J'avais 23 ans et j'étais bien décidée à croire en la vie malgré les lourdes charges de travail qui ne me laissaient aucun répit, et malgré ce qui avait été et resterait, toute ma vie, ma plus grande déception, celle de n'avoir pas « réussi mon mariage ».

Une princesse vivait jadis en moi, qui voyait le monde en rose et blanc. Qu'était-elle devenue ? Une infirmière, une mère et rien d'autre !

Je chantais. Je n'avais pas d'autre exutoire. Mes rêves s'en allaient là, dans la musique et dans les mots des autres. Avais-je perdu suffisamment de ma naïveté pour ne plus jamais m'embarquer sur des *bateaux ivres* ?

---

1. Eddy Marnay et E. Raskin, *Le Temps des fleurs.*

J'ai bien peur que non… Il a suffi d'un rayon de soleil sur mon front pour que je recommence à m'en faire accroire. L'instant d'après, un homme, tout nouveau tout neuf, me prenait dans ses bras ! Il s'appelait Daniel, comme toi…

Qu'avais-je encore fait là ? Il faut dire que celui-ci n'avait rien de commun avec Richard, bien qu'il ait été son ami, donc un buveur et un renifleur… Mais il m'aimait assez, lui, pour lâcher la coke et ne boire qu'avec ses *chums* quand il sortait. Et puis il était romantique, tendre et sensuel, de quoi m'entraîner vers *le temps des fleurs*…

Je n'avais jamais fait l'amour auparavant… Enfin j'apprendrais qu'il se peut, même au lit… Mais fallait-il que, dès notre première relation, le condom se « perde » et que je tombe encore enceinte ?

Daniel, que tout le monde appelait Dan, ne désirait pas d'autre enfant. Il avait déjà deux filles, dont il ne pouvait prétendre être le père, n'ayant pas été mentionné sur les actes de naissance, et il avait été poursuivi, par la suite, par son ex-femme qui réclamait sa déchéance parentale, ce qui revenait à dire qu'il n'avait aucun droit, pas même un droit de visite. Je pouvais le comprendre, d'autant plus que j'avais déjà trois marmots moi-même. Je décidai donc de lui cacher mon état, ne lui révélant la vérité que trois ans plus tard. Il n'était pas question pour moi d'avoir un nouvel enfant d'un homme qui, même plié en quatre à vouloir satisfaire mon désir, n'aurait pu qu'être faussement réjoui, donc un futur déserteur… Ainsi Dan ne saurait pas – d'ailleurs quel homme saura-t-il jamais ? – que cet avortement allait me briser bien plus que je n'aurais pu l'imaginer.

J'attendis jusqu'à la dernière minute (quatre mois de grossesse) avant de subir l'intervention. Ma peur initiale fut suivie d'un grand vide où je me perdis un moment, poursuivie par l'image d'une poupée lancée de haut sur l'asphalte, juste en bas de ma fenêtre. Moi qui n'avais jamais fait de mal à une mouche, je venais d'empêcher un enfant de vivre. Involontairement, j'en voulus à Dan, poussée par le besoin d'en partager la responsabilité, sans doute, mais aussi parce que, pour le reste de ma vie, la sexualité ne serait jamais tout à fait pour moi ce qu'elle devrait être : une libération plutôt qu'une prison, une jouissance plutôt qu'une blessure.

Mais cette fois, mes enfants, vous avez eu l'équivalent d'un vrai papa. Pendant huit années consécutives, Dan s'est occupé de vous trois patiemment, tenant en quelque sorte mon propre rôle à la maison tandis que j'assumais celui de pourvoyeur en chef.

Dan m'aimait et il vous adorait sincèrement. Je n'en demandais pas plus. L'habitude de n'avoir jamais reçu que des miettes de tendresse avait exacerbé ma sensibilité, et le seul fait qu'on prête véritablement attention à mes enfants suffisait à me combler. Dan n'attendait pas qu'il vienne de la visite chez nous pour jouer avec vous. Il n'attendait pas de témoin pour se montrer gentil, et il m'attendait, moi, sans me reprocher mes longues journées passées au travail. Il m'arrivait parfois d'y consacrer jusqu'à cent heures par semaine.

Je n'ai donc pas eu toujours le temps de m'occuper de vous, mes petits, mais j'ai eu beaucoup de peine de ne pouvoir y être davantage.

Quand même, chacun des moments passés avec vous est déposé dans mon cœur, à l'endroit de mon amour. Nous avons réussi à être heureux souvent, et j'ai mis tout ce que je possédais (une tête sur les épaules, de la vaillance et du courage, c'est certain) à votre disposition. Surtout, j'ai tenu à vous transmettre mes valeurs, celles qui m'apparaissaient et qui sont encore, à mes yeux, fondamentales : la paix, le respect, la tolérance sans nonchalance et la réussite sans prétention.

J'étais, et suis encore, une « battante ». Mais de l'autre côté de mon miroir se trouve une jeune femme qui, à cette époque-là, n'arrivait toujours pas à « voir venir » les événements, à se prémunir contre les coups bas du destin. Bien entendu, un drame allait éclater… Il couvait à l'intérieur même de Dan, en quelque sorte un « pauvre type », orphelin de mère à l'âge de 13 ans et élevé (je dirais *descendu*) par un père alcoolique. Quand je l'avais connu, il n'avait rien, pas même d'identité, aucune carte d'assurance maladie ou d'assurance sociale. Quand je le quittai, il avait acquis un nom, il était « sur la carte », mais avec la mention « séropositif ».

Le passé pèse parfois lourd… Le sien l'avait écrasé. De lointaines *coucheries*, ici avec une prostituée, là avec une junkie… Et le paradis nous attend tous ?

Auparavant, j'avais réglé mon divorce d'avec Richard. Payé mon mariage, payé mon divorce… et écopé de dettes qui n'étaient pas les miennes. Malgré ma fureur de devoir travailler si fort pour rembourser ses sales emprunts, et sur les conseils de mon avocat, je lui accordai des droits de visite et de sortie des enfants, qui, dès lors, toutes les deux fins de semaine, passèrent des journées entières… sur le balcon, à l'attendre. Alors je réclamai et obtins sa déchéance parentale.

* * *

Mon fils… Asseyons-nous ensemble un moment. J'ai pris mon accordéon. Reviens à la vie… Je chanterai pour toi, et je t'encouragerai à le faire aussi, même si ta petite voix sort toute fausse de ta gorge et même si tu as des problèmes d'élocution à cause du filet sous ta langue qui est trop long. Quand tu auras six ans, on le raccourcira. En attendant, je comprends, moi, ce que tu veux me dire, et je sais que tu as besoin que je me tienne très près de toi, que je te caresse, t'enveloppe de mes bras, te laisse t'exprimer.

– T'es belle, maman. T'es fine. T'es la meilleure maman du monde.

Jamais je n'ai entendu plus beaux mots que les tiens. Savais-tu qu'ils me sauvent ? De toute la cruauté du monde adulte, de mes peines, des hommes, de leur amour si fou, si faux, comme de la désillusion qui, en ta présence, redevient rêve.

J'ai envie de pleurer. Ton corps se blottit contre le mien, à l'écoute. Nous échangeons de longs regards doucereux, pleins du désir d'aimer et d'être aimé. Ta grand-mère ne semble pas folle de toi, elle. C'est tant mieux, tu es à moi. On ne t'enlèvera jamais à moi. Vois comme mon aveu se veut petit et humble : toi qui n'es qu'un enfant, tu me sauves... et de moi et des autres. En ta présence, j'arrive à jeter beaucoup de mon passé à la poubelle, à me sentir moins fragile, à me laisser pousser à la verticale, suivant ton exemple qui est celui des brins d'herbe s'étirant vers la lumière neuve du jour.

Tu grimaces comiquement pour que je rie. Tu as raison : les mères tristes sont de tristes mères. Allons jouer. Je te regarde embrasser et nettoyer tes figurines avec la délicatesse d'un amoureux. D'ailleurs, tu prends tout ce qu'on te donne avec amour, et un rien te fait plaisir. Ta préférence va aux poupées, particulièrement à ton petit « bout d'chou » à la peau noire, à ton oreiller que tu trimballes partout, et surtout à ta petite sœur, qui est pour toi une poupée vivante. Tu l'aimes fort et tu en prends grand soin.

Je te laisse un moment seul dans ta chambre en te prêtant l'oreille depuis la cuisine. Tu prends le thé avec des « madames », tu partages tes autos avec un certain Carl, tu me demandes de lui servir un verre de lait. Tout dans ton comportement n'est que joie et insouciance, sensibilité et générosité. Quand la voisine d'en bas oublie son bébé sur le balcon tant elle abuse des drogues, tu accours vers lui, m'aides à le baigner et à le nourrir. Plus tard, quand des gamins ou ton frère te traiteront de tapette, tu demanderas : « Pourquoi ? »

Pourquoi sommes-nous si durs les uns envers les autres ? Il est vrai que le quartier de Hochelaga-Maisonneuve en est un *tough*. J'y ai vécu pendant vingt-sept ans, assez longtemps pour savoir qu'il est rare d'y croiser des ours en peluche. Par contre, quand tu t'y promènes, tu y trouves de tout, y compris une seringue vide que tu me rapportes un jour en me demandant si c'est dangereux.

Mais nous habitons l'un des endroits les plus attachants de Montréal, d'abord parce que le ciel semble y être plus grand qu'ailleurs, et parce que, bien que majoritairement défavorisés, les gens y sont chaleureux, presque campagnards dans leur façon de se reconnaître les uns les autres. La gigantesque tour crochue de l'affreux stade n'ira jamais à la cheville de ce peuple-là, *notre* peuple à nous, écorché vif des temps anciens dont nous représentons, toi et moi comme tant d'autres, le bastion enluminé d'espoir de la paisible liberté québécoise.

* * *

Bientôt tu entres à l'école. Quand tu me présentes à tes amis, tu dis : « Voici mon père et ma mère », même s'il t'arrive souvent d'appeler Dan «papa». Tu as soif d'apprendre, tout t'intéresse, particulièrement les mathématiques, les choses logiques, cartésiennes. Soit, tu me montreras à les aimer. Moi, je préfère les arts, mais j'aime aussi beaucoup mon travail. J'ai l'impression de palper la lumière chaque fois que j'aide un patient à se laisser glisser dans la mort.

Tu reçois ton premier bulletin de notes. Je suis fière de toi! J'aimerais tant que ton frère aîné aime l'école autant que toi. J'ai l'impression que tout est toujours trop facile pour lui, qu'il n'aura jamais la chance de savoir la grandeur et la beauté de l'effort. Parfois, il m'arrive de dire que ma mère me l'a «scrappé». Mais je suis injuste. Elle lui a permis de survivre, lui qui pesait à peine un kilogramme à la naissance, et qui a ensuite tant souffert, tant souffert de moi, mère indigne de 17 ans, femme-enfant écervelée… Ma mère (devenue «mamie» pour vous depuis mon refus de la laisser continuer à se faire appeler «m'man») aurait eu tous les défauts, issus de toutes les blessures du monde, que je l'aurais aimée quand même. C'était aussi de l'or en barre.

L'amour des enfants pour leurs parents m'étonnera toujours. Le tien, mon Daniel, m'a été et m'est toujours plus que nécessaire: il m'est unique et irremplaçable. Ton frère et ta sœur me démontreraient-ils toute l'affection dont ils sont capables, tu as été et restera, mon petit bonhomme, «mon homme», celui dont l'âme était sœur de la mienne. Je blague souvent en disant que je t'aurais épousé! Crois-moi, je suis convaincue que pas une femme n'aurait souffert de toi comme mari ni comme père de ses enfants.

* * *

En 1992, un grand vent de renouveau souffle chez nous : Benoît s'en vient vivre avec nous, enfin ! Tu as huit ans, il en aura bientôt dix, et Marie-Perle a quatre ans. De vous voir tous les trois ensemble me fait chaud au cœur. Vous êtes si beaux ! Et l'harmonie règne à la maison malgré les rafales sporadiques qui nous secouent tous : Benoît se sent enlevé à sa mamie et fait des crises d'asthme en guise de représailles ; ton père te manque plus que tu ne l'avouerais (Marie-Perle, quant à elle, n'en souffre pas ; ayant entrevu Richard à l'âge de trois ans, elle l'a simplement appelé « mon oncle ») ; et moi je travaille toujours aussi fort et souvent trop, allant même, par périodes, jusqu'à avaler des stimulants pour me tenir debout.

Je dois beaucoup à Dan. Vous l'adorez aussi. Tranquillement, nous surmontons nos épreuves avec lui à la manière de qui traverserait le brouillard. C'est à croire que tous les Daniel ont dans le son de leur prénom une résonance telle qui fait qu'on les aime. Tout le monde t'aime tant, toi aussi. Ton frère, ta sœur, mais aussi les enfants de l'école, que tu désarmes d'un simple sourire. Tu ressembles à l'instrument de musique qui est le tien, tu ressembles à ton violon : aigu, têtu, si tendre. En disant cela, je pense encore à la grande compatibilité de nos caractères. Je me vois dans tes yeux.

Puis, la même année, nous déménageons. Il y a trois ans que je n'ai pas pris de vacances et j'ai une très grande soif d'espace tout à coup. Pourquoi pas la campagne?

Tu te rappelles? Le bonheur dans les prés, dans un rang à proximité de la ville de Trois-Rivières. Comme nous y avons été libres! Toi, ton frère et ta sœur êtes devenus les amis des fermiers du coin et vous découvrez, émerveillés, les joies de la nature, les grands jardins, les foins, les vaches. De mon côté, même si je dois voyager par train matin et soir afin de poursuivre mon travail à l'hôpital Notre-Dame (six heures de route quotidiennement que j'occupe à dormir), je pense bien avoir enfin trouvé « ma planète ». Du moins, j'en sais maintenant les contours, les odeurs et les couleurs. Nous y resterons huit mois. Mais n'était le mauvais état de la maison que nous avons louée, et n'était le fait que vous, mes trois chenapans, vous vous ennuyez de Montréal, je m'y serais enracinée.

Le retour à la ville vous permet de retrouver vos grands-parents et vos amis. Vous êtes contents. Et, tandis que ta sœur se prépare à sortir du monde de la petite enfance et que ton grand frère se rapproche de la prépuberté, tu continues de grandir tout lentement, patiemment, comme si ton corps pesait en pensée chacun des centimètres qu'il gagnait.

Tu t'entiches des Ninja Turtles. Ce sont des tortues venues sur la Terre pour y faire la paix. Ta préférée s'appelle Michaelangelo et porte un loup rouge. C'est un mâle, amoureux d'une femme blonde et infirmière. D'ailleurs, toutes tes blondes sont blondes… Je sais, je sens à quel point tu m'aimes. Chaque fois que je prends soin de toi, tu veux faire de même pour moi. Tu me combles de petites attentions, me compares à un gâteau, m'embrasses. Et moi je te compare au bonheur.

Un jour, mon Daniel, tu dénonceras la violence, tu te promèneras dans les rues de Hochelaga-Maisonneuve en faisant des oreilles de lapin (comme moi, tu adores les lapins et toutes les bêtes de la création) avec ton index et ton majeur, la casquette de travers, le pantalon flottant.

Puis, un autre jour, mon fils, ce sera le grand jour pour toi : diplôme en main, tu parcourras les routes de ton pays pour le réinventer. Tu continueras de rêver à un monde juste et bon. Ce jour-là, je serai à tes côtés, que je sois ou que je ne sois plus sur la même Terre que toi. Puisque je suis ta mère et puisqu'il va de soi pour moi que je mourrai la première, tu ne partiras jamais avant, dis ?

3

Été 1995

Été 1995... Été 1995... Été 1995...

Je voudrais m'arrêter là, ne plus me souvenir de rien d'autre, quitte à devenir pareille aux malades atteints d'écholalie. Car, si certains disent encore que ce fut une belle saison, chaude à souhait, abondamment fleurie, je n'en aurai jamais conservé, pour ma part, que la vision d'un grand trou noir au beau milieu du ciel bleu, une sorte de tunnel infini m'aspirant vers le vide.

* * *

Dan était très malade. De l'être tendre et généreux que nous avions connu, il ne resta plus bientôt qu'un homme éteint, agressif et impatient. Depuis huit mois que nous ne faisions plus l'amour ensemble – j'avais trop peur de contracter le virus du sida –, la vie n'avait fait que s'appesantir entre nous, et à un point tel que je commençais à songer à le quitter, malgré le très grand attachement des enfants. Alors, un beau matin, il eut pour moi un cadeau... Venant à peine de m'éveiller, couchée nue dans mon lit, je vis un inconnu assis près de moi et attendant d'accomplir l'ouvrage pour lequel Dan l'avait embauché! Mon conjoint voulait-il me jeter de la poudre aux yeux, assortie de perlimpinpin? J'en fis aussitôt de la poudre à canon. Le gars, quant à lui, a pris celle dite d'escampette! C'est vous dire comme j'ai crié fort, assez fort pour faire éclater la mince paroi derrière laquelle je me tenais encore, avec des restes de patience. Et d'un coup les choses furent claires, clairement dites et terminées.

Les enfants pleurèrent beaucoup, Marie-Perle surtout, pour qui Dan était l'unique papa. J'eus énormément de peine aussi. Nous formions une famille comme nous n'en avions jamais connu, ni Dan, ni les enfants, ni moi.

C'était le 15 juin. Le 25 m'attendait une autre défaite, et de la même taille: je perdis mon emploi. Il y avait déjà un certain temps que l'argent manquait à l'hôpital Notre-Dame. Les patients y étaient admis en devant fournir eux-mêmes de quoi les laver ou les panser. Puis on ferma la pouponnière et on entreprit de se débarrasser d'une partie du personnel, parmi laquelle je figurais, « préretraitée » d'à peine 30 ans.

Le coup fut dur. J'avais à me reprendre en main rapidement. De nouveau seule avec mes trois enfants, il n'était pas question que je perde mon temps à m'apitoyer sur mon sort. Nous devions trouver où nous loger et il me fallait un nouvel emploi. Nous avons déménagé au 1639 de l'avenue de La Salle, juste en face d'un CLSC où on m'offrait un poste d'infirmière via le système ambulatoire de santé. Mais, avant mon premier jour de travail, on m'informa que mes services n'étaient plus retenus, l'emploi ayant été comblé par une infirmière remise de l'accouchement de son bébé plus tôt que prévu.

J'entrai alors comme travailleuse dans une usine de recyclage de vêtements usagés, gagnant sept dollars l'heure. Benoît, Daniel et Marie-Perle apprirent à aimer les sandwiches.

THE END
(FIN DE L'HISTOIRE)

*** * ***

Hélène, ma collaboratrice, insiste. Nous sommes toutes les deux attablées, moi devant un café et elle devant une soupe, dans un bistro mexicain de la rue Saint-Denis. Il me faut lui raconter la suite des événements.

La suite ? Je lui demande de ne pas écrire que je suis morte...

– Oui, dit-elle, il faut le dire.

– Personne ne va comprendre.

– On va aider les gens à comprendre. Les mots servent à ça.

Ma voix tremble. Elle a envie de pleurer aussi.

* * *

Le 8 août. Je reviens du travail les bras chargés de vêtements et de casquettes que je montre aux enfants. Les gens jettent leurs choux si gras… Plus ça va, pire c'est : les diktats de l'industrie de la mode vont finir par nous rendre tous cinglés. J'imagine le jour où auront disparu de la planète toutes les machines à laver, remplacées par d'immenses bacs où laisser tomber nos vêtements après usage.

Il en va de même dans le monde du travail : on nous emploie, on nous paie, on nous apprécie, puis on nous jette. Il me semble qu'il n'y a plus rien de durable, que nous nous trouvons tous cousus dans de l'étoffe synthétique, pailletée mais froide, combien sexy mais insupportable. Enfin, ayant aujourd'hui remisé mon uniforme blanc, je me console de mon maigre salaire gagné dans mes bons vieux jeans et mon t-shirt de coton : voilà pour mon petit bonheur du jour. Sauf que j'ai mal à la tête. L'impression de couver une grippe. Pour la première fois, Daniel insiste pour dormir avec moi.

– Je vais te soigner, dit-il en me tendant des Tylenol.

Nous nous étendons tous les deux dans mon lit. Maurice (mon amoureux récent) rentrera de son travail passé minuit. Il est sous-contractant en entretien ménager. Ce n'est pas, entre lui et moi, l'amour fou, mais nous nous entendons à merveille et les enfants apprécient sa présence. Encore une fois, la vie va se refaisant pour nous, les rires recommencent à fuser dans la maison et les soucis s'écartent peu à peu.

Daniel me dit qu'il a hâte d'être grand pour sortir avec moi. Alors, il sera devenu pompier. Je ris. Nous nous serrons fort dans les bras l'un de l'autre. Puis il chuchote : « Je t'aime, maman », et il s'endort.

Ce seront ses derniers mots pour moi.

* * *

Levée avant les enfants, je me prépare pour le travail et quitte la maison. Il fait beau et chaud. Aujourd'hui, tandis que Marie-Perle sera chez mamie, les garçons se rendront à la piscine accompagnés de Yan Villeneuve, le meilleur ami de Daniel depuis l'époque de la maternelle, et presque un fils pour moi, tant je me sens souvent responsable de son éducation. Sa mère, prostituée et droguée, ne s'en occupe pas. À l'âge de huit ans, Yan fumait déjà la cigarette et faisait du vol à l'étalage dans des boutiques et des dépanneurs. Daniel et moi l'avons empêché de poursuivre dans cette voie-là, la première qui mène à la criminalité, le premier chemin conduisant à la vengeance et à la guerre s'appelant toujours, ou presque, celui de l'Abandon… Trop d'enfants sont laissés à eux-mêmes, et pas seulement dans notre quartier. Monsieur le ministre de l'Éducation suggérerait-il qu'on les enferme chaque jour plus longtemps dans les écoles (non mais, quelle baliverne!), qui songera jamais à donner un coup de main aux parents débordés, par exemple en leur permettant de vivre un peu plus chez eux et un peu moins au travail-pour-l'État? Qui encouragera les mères qui se vendent à donner d'elles-mêmes, quand plus personne ne sait la définition même du mot « don »?

Je travaille assez fort pour me prévaloir du droit de riposte, messieurs les dirigeants. J'ai mal à la tête, vous dis-je. Et plus encore ce matin, 9 août 1995. À onze heures quarante-cinq, la douleur devient à ce point intolérable que mon contremaître me suggère de me rendre à une clinique médicale.

M'en revenant de ma visite chez le médecin, je vais chez ma mère, qui, en manœuvrant son fauteuil roulant (elle a un cancer des os), m'annonce qu'une bombe a fait exploser une jeep, intersection Pie-IX et Adam, et que Daniel est à l'hôpital. Sans même m'informer davantage, je hèle un taxi et me fais aussitôt conduire à l'hôpital Maisonneuve-Rosemont.

Onze heures quarante-cinq. Il était onze heures quarante-cinq quand la déflagration a eu lieu, déclare-t-on à la radio. Je l'aurai ressentie. À la fois paniquée et possédée par une énergie de louve, je saute du taxi et me mets à courir dans les couloirs de l'hôpital, ouvrant une à une toutes les portes fermées, jusqu'à ce que je trouve mon petit garçon, couché nu et tremblant sur une civière. Je le prends dans mes bras et le couvre d'un drap malgré les protestations du personnel. On m'informe qu'un morceau de métal long de trois centimètres s'est logé dans son cerveau, étant entré derrière l'oreille gauche et ayant fracturé la boîte crânienne pour ensuite se loger sous la tempe droite, et qu'il faut l'opérer d'urgence, plusieurs cellules ayant été atteintes. Maurice et Benoît sont là, en larmes tous les deux. Benoît a été témoin de l'accident. S'il n'avait pas marché plus vite que son frère, il aurait été blessé, lui aussi, comme Yan l'a été, quoique légèrement. Son bouleversement est grand. Toute sa vie, mon fils aîné se souviendra d'une seule et unique image liée au drame : celle de deux espadrilles immobiles au bout d'un drap qu'on hisse dans une ambulance.

Les journalistes affluent de toutes parts. On se croirait dans une ruche. D'étranges sons résonnent dans mon cerveau et j'ai le cœur qui cogne comme pour sortir de ma poitrine, mais je ne pleure pas.

Huit heures à attendre. Richard s'amène. Il a vu son fils récemment, ayant réclamé une visite des enfants après que je me suis séparée de Dan. Voulait-il prendre enfin ses responsabilités à leur égard ? J'en doute fort. J'ai dû verser de l'argent pour qu'il les nourrisse ce week-end-là.

Il parle fort, présentant l'accident arrivé à Daniel comme si *Allô Police* l'avait engagé pour en faire un papier sensationnel. J'ai mal au cœur. Puis c'est au tour du maire de Montréal, M. Pierre Bourque, de me présenter la main en m'offrant, pour Daniel, un ballon de basketball. J'éclate :

47

– Et pourquoi pas une bicyclette?

Car, sans pouvoir encore mesurer l'ampleur de la tragédie, je sais d'instinct, déjà, que mon fils ne jouera jamais plus au ballon.

Les heures se traînent à la queue leu leu. Puis, enfin, j'aperçois la blouse d'un chirurgien. Le docteur Séguin s'approche de moi. Je lui demande immédiatement:

– Quelles sont ses chances de survie?

– Rien. Il va crever.

RIEN IL VA CREVER RIEN IL VA CREVER RIEN IL VA CREVER...

Je perds conscience un court moment, puis la clarté met du temps à revenir, un peu comme si le temps avait viré d'un coup sec. Le docteur s'excuse. L'émotion lui serre la gorge. Il a un fils du même âge que le mien.

L'éclat de métal retiré, le cerveau de Daniel s'est gonflé d'eau et de sang, et les dégâts neurologiques sont tels qu'il n'y a plus rien à espérer: mon fils est entré dans un profond coma dont il ne sortira pas. À la télévision, on a montré des images de l'accident et de la tête meurtrie de mon petit. Autour de moi, des imbéciles me demandent si j'ai touché à la matière cervicale, si c'était mou, si on l'avait tranchée en deux pour mieux voir... Je suis écœurée. N'était le calmant qu'on

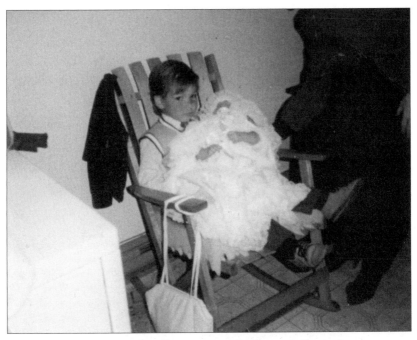

Daniel à trois ans, tenant sa petite sœur dans ses bras
le jour de son baptême.

Daniel à la même époque, sur les genoux de sa mamie.

Les grenouilles figurent parmi les « petites bêtes de la création »
qu'affectionnait mon fils.

Daniel s'amuse à « parler avec des madames » !

À cinq ans, avec sa petite face taquine et ses yeux brillants,
noirs du noir de toutes les couleurs mises ensemble…

Puis c'est la tragédie, le 9 août 1995, à l'angle du boulevard Pie-IX et de la rue Adam.

(Photo : Reynald Leblanc, *Le Journal de Montréal*.)

Une image qui vaut plus que mille mots : des milliers de larmes.

(Photo : Yvan Tremblay, *Le Journal de Montréal*.)

« Morte debout », en compagnie de proches et du père de Daniel, Richard Charbonneau.

(Photo : Yvan Tremblay, *Le Journal de Montréal*.)

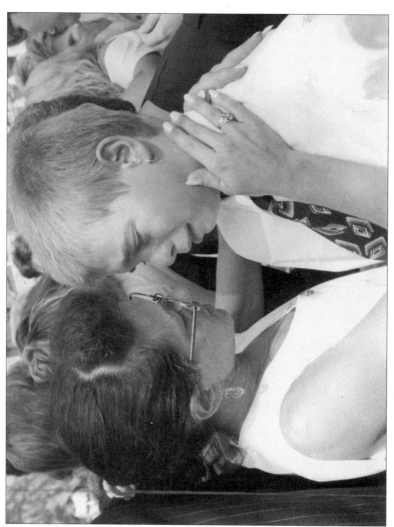

Une voisine tente en vain de consoler Benoît.

(Photo : Yvan Tremblay, *Le Journal de Montréal*.)

m'a administré, je me jetterais sur eux sans aucun contrôle et je les tuerais tous.

Je suis dans un état inconnu de moi jusqu'alors. Comme une automate, je me laisse guider. On me permet de tenir la main de Daniel. Sa tête, immense, est entourée de bandages. Puis on me conjure de m'en retourner chez moi.

* * *

L'idée de mettre fin à mes jours n'aura pas le temps de m'effleurer l'esprit: je meurs avant. D'abord, j'entends la sonnerie ininterrompue d'un téléphone. Puis, à une vitesse vertigineuse, je suis transportée dans le cosmos parmi les âmes errantes, celles qui cherchent à revenir sur Terre, qui souffrent de ne plus y vivre et qui ballottent ainsi, entre deux mondes. Serait-ce là le fameux «purgatoire» dont on parlait quand j'étais petite?

Noir silence. Puis soudain une voix folle, accompagnée par tout un chœur d'autres voix folles, se fait entendre. Stridente, cette première voix domine les autres. Elles se lamentent toutes et leur plainte, montant en crescendo, finit par me rendre folle, moi aussi. Je psalmodie quelque prière dans une langue étrange, insaisissable, démente.

«Non!» Crier, me débattre, redescendre... Je veux revenir dans mon lit. Je le veux si fort que je finis par y parvenir. C'est alors que tu descends du ciel à ton tour pour venir me couvrir de tes deux grandes ailes blanches. Tu me dis :

« Pleure pas, maman. »

*　*　*

À mon réveil, il me semble que mon corps et mon âme se sont dissociés. J'arrive à me lever, à me mouiller le visage, à enfiler mon peignoir, mais tout en n'étant plus là. J'ai la certitude de n'avoir pas rêvé, et cela me fait peur. Je me sens pareille à une morte vivante, à une morte debout, comme si seule une partie de moi-même avait réintégré la vie. Et ce morceau-là de moi me paraît sérieusement malade.

N'en rien dire. On m'internerait, je crois.

Pendant quatre jours, quelqu'un se rend à l'hôpital qui n'est pas moi. La femme qui s'active, stoïque et pâle, celle-là que poursuivent sans relâche les petits gonflés des médias (un seul d'entre eux me démontre une réelle compassion : il s'appelle Gaétan Girouard et semble savoir ce que c'est que la mort « vive »), celle-là qui arrive à claquer la porte au nez d'un chroniqueur idiot qui affirme qu'« il faut battre le fer pendant qu'il est chaud, madame… », cette *madame*-là, bande de sourds et d'aveugles, ne sera plus jamais moi, comprenez-vous ?

C'est seulement lorsque je suis seule, lovée au creux de mon lit, qu'il m'arrive parfois de me sentir de nouveau Josée-Anne. Josée-Anne Despluies, Josée-Anne Dusanglot. Je pleure jusqu'à vomir. Tout mon être, en ces moments-là, est secoué si fort que la morte et la vivante semblent se rejoindre, l'une cherchant à consoler l'autre, en vain.

* * *

Mon Daniel, mon ange… Toi seul sais. Tu es près de moi, si près… Tenant ta main ou te prenant dans mes bras, des heures durant, je m'emplis de ta présence et te donne la mienne. Comme avant, nous nous mirons l'un dans l'autre. Nous souffrons ensemble. Puis, au jour quatre, le vendredi 13, on m'annonce que tu as perdu la vue et l'ouïe, que ta vie, artificielle, ne te sert plus à rien, qu'il faudrait songer à cueillir les quelques organes de ton corps qui sont encore sains…

On t'administre les derniers sacrements et on débranche les appareils. C'est alors que le miroir qui nous reflétait tous deux vole en mille éclats.

Mon frère Rick chante *Un ange m'appelle,* une chanson de son cru, et tout à coup ton cœur, qui venait de s'arrêter, se remet à battre. Nous sommes tous, y compris les médecins, impressionnés et émus. Le temps d'une chanson… et tu t'éteins en souriant.

André Lapointe, un conseiller du processus du deuil, a alors pour moi une douce parole que je me répéterai souvent : « Tout ce que Daniel avait, ses joies, ses peines, ses souvenirs, ses peurs, ses rêves, tout cela, il va l'emporter avec lui. » Ainsi, j'aurai moins l'impression d'une séparation définitive. Du moins voudrai-je croire que, « là-haut », tu te souviendras de moi, de mon amour pour toi, et que cela pourra t'aider à franchir la frontière qui nous sépare tous de la lumière éternelle. Mon amour, mon si tendre et immortel amour…

Dehors, il fait soleil. Un gros ballon blanc, soufflé à l'hélium (je voudrais que monsieur le maire le voie), flotte dans le ciel. Je le suis longtemps des yeux. De nouveau, je me sens décoller de terre et m'envoler avec toi, tandis que l'*autre* revient sur ses pas, ayant encore à signer l'acte de décès, puis à se rendre à la morgue, où tu souris toujours.

4

Colère

« J'ai eu mal à la tête, maman. Très, très mal. J'ai essayé de crier pour que tu viennes me sauver. Maintenant je suis mort. Ça fait moins mal. Je veux qu'on brûle mon corps. Je ne veux pas que les bibites le mangent. »

Allez…! Photographiez-moi, filmez-moi, décrivez mon corps décharné, ma robe noire, ma permanente qui ne tient plus. Passez et repassez encore les images de l'accident, la jeep carbonisée, les ambulanciers, les pompiers, les flics, mon fils sur la civière, le crâne ouvert, puis couché dans un cercueil, la tête désenflée mais recouverte d'une ridicule perruque de la mauvaise couleur, le visage fardé comme si c'était un jour de carnaval. Allez…! Chacun, allumant sa télévision, ouvrant son journal, verra aussi mes yeux vides et mes lèvres sèches. J'imagine partout, en gros caractères: JOSÉE-ANNE DESROCHERS, FEMME FINIE.

On est le 15 août. J'ai pleuré toute la nuit dernière, des larmes chaudes et salées. Mais c'est fini : les prochaines seront de métal. J'ai l'impression que plus mon corps s'amaigrit, plus mon armure prend du poids. En fait, je ne sais plus… Je ne sais plus qui je suis. Je me demande qui est là, à l'intérieur de moi. D'ailleurs, y a-t-il seulement quelqu'un ? Le jour, face aux autres, il me semble n'être plus une personne humaine mais une chose… Une sorte de chose qui pourrait peut-être se résumer à un mot : colère. Je m'appelle Colère !

Je ne peux pas voir mon enfant mort. Il est vivant parmi les fleurs entourant le catafalque. Il les hume en souriant, les caresse du bout des doigts. Aucune autre image n'adhère à mon cerveau. C'est pourquoi je ne pleure plus. Voyez… Certains diront que je n'ai pas de cœur. Je n'en ai pas, en effet. Je n'en veux plus.

Consoler les autres. Ou les tuer ? C'est fou comme j'aurais envie de tuer… Je pense au membre des Hells Angels qui a actionné le détonateur, faisant exploser la jeep de Marc Dubé, un gars du quartier connu de ma famille, tout en voyant bien qu'un enfant était à proximité du véhicule. Je sais qui c'est. On ne le condamnera jamais, faute de preuves, mais je verrai sa photo et je saurai son nom. Me laisserait-on le faire disparaître ? Ma violence à moi n'aurait rien de la gratuité de la sienne, croyez-moi ! Alors…

Alors ? Non, je ne pourrais pas être une meurtrière. Je suis une Colère cependant, et elle est de la couleur du sang. Désormais, je n'aurai plus d'énergie que pour me battre, me battre et me battre… Je ne penserai plus à rien d'autre, ne vivrai plus que pour livrer combat aux abuseurs de force, aux fabricants de mort, aux voleurs de vie. Voyez encore… Toute cette haine en moi, qui flambe et ne se consume pas.

Oui, je voudrais mourir.

– *Il ne faut pas.*

– Je voudrais quand même.

– *Tiens mon bras, je veux rester près de toi. Je veux t'aider. Je n'ai plus mal. Je peux t'aimer encore.*

– Mais comment puis-je aimer, moi? Je me sens pareille à une brute, je ne m'aime plus…

– *Acharne-toi, maman. Ma mort ne peut pas ne servir à rien! Je te protégerai.*

Daniel me soutient. Il est là à nouveau, et sa présence à mes côtés est pour moi plus vraie que toutes les autres. Il est entré dans ma solitude, à jamais.

Le salon funéraire est bondé. Tous voudraient nous témoigner, à mes enfants et à moi, leur sympathie. Plusieurs pleurent, mais nous nous trouvons, tous les trois, inaccessibles. Un fil s'est rompu qui nous empêche d'entrer en communication avec le monde, et même entre nous. Il nous faudra longtemps avant de pouvoir partager notre peine. Je mettrai longtemps à redevenir la mère aimante que j'étais. Pour l'instant, tout n'est qu'artificiel, notre deuil n'est pas vrai, et il ne le sera pas tant qu'on continuera à nous poursuivre avec des caméras, des micros, des appareils photo. C'est de la mort de cinéma. Je voudrais qu'on nous fiche la paix. Partout on me reconnaît : « Regarde, c'est elle, c'est la madame ! » Je me sens examinée, découpée, poupée de papier dans les mains du monde.

Le 16 août, jour des funérailles, quatorze motos conduites par des Hells arborant leurs couleurs passent devant ma porte. Cherche-t-on à me narguer ? Veut-on s'excuser ? Leur vue m'horripile. Je voudrais qu'ils souffrent tous autant que moi. Je voudrais qu'ils meurent...

À onze heures a lieu la cérémonie funèbre à l'église avant le départ de Daniel pour le crématorium. Il a été incinéré, suivant son désir manifesté alors qu'il était tout petit. On entend la magnifique chanson de Raymond Lévesque, *Quand les hommes vivront d'amour*. Je craque, je parviens à pleurer. Pourquoi ne suis-je pas assez légère pour monter au ciel, moi qui ai déjà, en quelques jours, tellement maigri ? Je n'en peux plus.

Aussitôt après les funérailles, nous fuyons, Benoît, Marie-Perle, Maurice et moi, vers un hôtel non loin de Dorval. Il nous faut essayer de vivre. Il me faut cesser de mourir. Une chose est déjà certaine cependant : plus jamais je n'aurai peur... La mort, la mienne, m'aurait été si douce à côté de la perte de mon fils.

*** * ***

Armée d'un bouclier par-dessus ma rage et mon chagrin, je me joins à deux jeunes filles, Mélanie et Nathalie Tremblay, qui ont déjà commencé à faire circuler une pétition réclamant une loi antigang au ministre fédéral de la Justice, M. Allan Rock. Plusieurs personnalités, dont le maire Bourque et M. Réal Ménard, député bloquiste (Bloc québécois) de notre quartier, appuient fortement une telle demande, cependant que le ministre de la Sécurité publique du Québec, M. Serge Ménard, n'est pas d'accord. Cette loi, prétend-il, serait trop difficile à appliquer et potentiellement restrictive sur le plan des libertés fondamentales; elle risquerait de porter atteinte à toutes sortes d'organisations. Un moment, je doute qu'il ait réussi à terminer ses études secondaires, tant sa pensée me semble exempte de logique et de bon sens. Une loi antigang, antigang CRIMINELLE, monsieur le ministre, va-t-elle empêcher les Chevaliers de Colomb d'organiser des bingos?

« Quiconque voudra d'une telle loi devra me passer sur le corps », dit-il.

Aussitôt, je téléphone à son bureau, disant qu'à onze heures, le lendemain matin, je l'attendrai dans le hall de l'hôtel où il loge.

Je l'attends... Il ne vient pas.

Il y a anguille sous roche et je pense qu'elle est grosse. Dégueulasse. J'espère le jour où, plutôt que d'être gouvernés par des menteurs, nous le serons par des gens francs, guéris de la maladie du pouvoir. Pendant six ans, M. Ménard refusera de répondre à mes appels ou de me rencontrer… C'est vous dire…!

Je suis une femme de l'Est. Je connais par cœur les chansons des mal-aimés de mon enfance. Plusieurs futurs motards ont partagé mes classes du primaire. Et je sais aussi que les bandits ne rêvent qu'à une chose : devenir riches. Mais qu'en est-il des gens qu'on appelle « la crème de la société ? » N'auraient-ils pas parfois les rêves un peu *gras* ? De la crème à fouetter ? Et des choses à cacher ?

Pendant ce temps, je suis hantée, moi, par l'image de la tête de mon petit garçon, entourée de bandages sanguinolents. J'ai l'impression qu'on se fout de ma gueule.

Je quitte mon emploi, trop épuisée pour continuer à travailler, et me sentant investie d'une nouvelle mission : celle de lutter contre la violence, à la mémoire de mon fils, envers et contre tous. Pour la première fois de ma vie, je dois réclamer de l'aide sociale. L'IVAC (l'organisme d'indemnisation des victimes d'actes criminels) me versera 2 600 $, vite engouffrés dans les coûts liés aux funérailles. Puis ce sera au tour de Jeunesse au Soleil de nous offrir, à moi et aux enfants, des vêtements et, un peu plus tard, un voyage… à Disney-World! Mickey Mouse et la Floride! Quand je vous parlais de mort de cinéma… Tandis que nous aurions eu tant besoin d'aide psychologique.

Benoît et Marie-Perle se sentent abandonnés. Leur mère n'est plus là, elle est devenue une guerrière, et ils craignent les représailles. Je travaille sans relâche à la pétition réclamant l'adoption d'une nouvelle loi (en un an et demi, j'amasserai plus de 1 850 000 signatures, ici au Québec, mais aussi au Canada anglais et aux États-Unis), et j'apparais partout où on m'offre un tant soit peu d'écoute, ce dont évidemment mes enfants souffrent et souffriront encore longtemps. Marie-Perle, qui n'a que huit ans, est même agressée par des gamins qui, armés de couteaux et la voyant pleurer, lui demandent d'arrêter de chialer pour la mort de son frère, à défaut de quoi ils l'enverront au ciel, elle aussi.

Et nous allons ainsi, chacun sa vie en miettes dans le grand bol incassable du monde : nous sommes de verre, il est de caoutchouc solide comme celui des pneus des limousines. Nous sommes souffrance, il est clown. Nous sommes en larmes, il est gelé.

Maurice est là qui fait son possible pour tenter de nous soutenir. Il a eu le temps de s'attacher à cet « enfant facile » qu'était Daniel et… il aime bien les projecteurs, je crois. En fait, c'est un schizophrène… L'idiote que je suis ne le sait pas encore. Il prend son médicament par injection à l'hôpital, une fois par mois, et personne de son entourage ni de sa famille n'a encore daigné, pas plus que lui, m'en aviser.

Des dons anonymes sont versés à l'organisme Jeunesse au Soleil. De qui viennent-ils ? Qui a intérêt à nous envoyer paître au soleil de DisneyWorld ? Je l'ignore mais, pour mes parents, c'est un peu comme si j'avais, par la mort de mon fils, gagné le gros lot de la 6/49. Ma mère me demande maintenant trop d'argent pour garder mes enfants après l'école. Je trouve donc une autre gardienne.

– Bon! T'as perdu ton fils? Tu viens de perdre ta mère aussi!

Merci, maman, pour tes bons mots et ta grande compréhension. Enfin je les imagine, enfouis sous des tonnes et des tonnes de cellules cancéreuses...

* * *

«Rage, colère et trahison» ont remplacé à tout jamais, dans mon langage, les mots des utopistes: il n'y a pas de liberté, pas de fraternité, pas d'égalité. Chaque jour, je raconte mon histoire à quelqu'un dont je quête la signature. Chaque jour, je m'humilie à dire ma souffrance et à réclamer l'appui de gens qui m'écoutent, larmoient, m'offrent leur soutien ou se défilent. (Alors la chanteuse et la mère blessée que je suis se surprennent parfois à crier d'une seule voix, furieuse, venue du ventre, qu'il faudrait que nous soyons tous d'accord: les motards représentent une immense menace, une grosse merde!) Mais, que l'on me croie ou non, chaque fois le même constat m'est révélé: NOUS n'y pouvons rien. Une poignée de gros ventres nous dirigent, et je sais déjà l'échec qui m'attend à vouloir tenter de créer quelque remous dans l'épaisse crème... glacée du pouvoir.

Je continue quand même ma lutte contre le crime organisé. Je demande à rencontrer les enquêteurs, je soulève la poussière dans leurs bureaux, tant je souffle comme un taureau dans l'arène. C'est parce que je n'ai plus aucune autre raison de vivre. Voyez encore… Il n'y aura pas de quoi me béatifier.

M. Jacques D'Astous, enquêteur de la division des crimes, section des homicides, me confirme que, faute de preuves, l'assassin pourra siffler sa peine en marchant sur les trottoirs. Preuves de faute ou pas, il est mieux protégé que tous les enfants qui s'en vont à l'école chaque matin.

J'ai l'impression que quelqu'un joue dans mon dos, mais qu'il ne s'agit nullement d'un petit garçon s'amusant avec un ballon. De mauvais sentiments s'emparent encore de moi. Je voudrais me retourner d'un coup sec et débusquer la vérité à la manière de Lucky Luke tirant plus vite que son ombre. Chaque jour, je me sens ainsi, avant de pouvoir, retrouvant mon lit, faire un peu de paix à l'intérieur de moi en pleurant encore. Je dois avouer que, n'était la « permission » que je m'accorde alors d'exprimer ma peine – on m'a toujours ordonné, en criant fort, d'ARRÊTER de pleurer –, je serais sans doute aujourd'hui devenue folle, de cette folie engendrée par la haine, la même que celle qui habite les criminels.

Quant à la folie engendrée par le pouvoir, appelons-la, disons, Sa Majesté… L'année 1995 est celle d'un referendum. Les mots des autres langues l'emportent trop souvent sur les nôtres ? Ici, c'est au latin que je devrai d'entendre dire qu'« il faut cesser de parler de l'affaire Desrochers et se concentrer sur les VRAIS enjeux ».

Il n'y a pas de liberté, pas de fraternité, pas d'égalité, messieurs les politiciens, et vous le savez très bien. À quoi jouez-vous donc ? À nous convaincre qu'un drapeau neuf ferait joli sur nos cercueils ? Voyez-vous : mon fils est mort à la suite d'un crime, j'ai peur pour les autres enfants, pour eux dont la vie vaut encore la peine puisqu'elle commence, et vous me répondez, surtout par des silences, qu'aucune vie n'a plus d'importance que celle, abstraite, d'une idée.

Vous me pardonnerez de ne pas bien vous suivre et de ne rien comprendre de ce que vous aimeriez que j'en sache. Vous ne m'avez pas enseigné. Je vous répète que mon père accordait des pianos. Je suis allée à l'école de la vie « vivante », par contre, où ceux qui permettaient qu'on tue son prochain étaient des gens malades.

5

« Miss Carcajou »

Des piles d'articles de journaux et des documents de toutes sortes s'accumulent chez moi. Je veux savoir, je veux comprendre : comment se fait-il qu'une poignée de motards (ils sont une centaine au Québec) arrive à semer la terreur et à tuer d'innocentes victimes alors que plus de dix mille policiers sont payés pour veiller quotidiennement au respect des lois ?

La guerre opposant les Hells Angels et les Rock Machine, officiellement commencée en août 1994, n'avait, jusqu'à la mort de Daniel, pas encore touché à la vie du monde « ordinaire ». On s'était contenté de s'entretuer afin d'agrandir chacun son territoire pour les lucratifs marchés de la drogue et du sexe. *So what… ?* Ministres et députés, qui ne sont jamais sensibles qu'à leur image auprès de leurs électeurs, n'allaient certainement pas se mettre à réfléchir à l'étalement du crime organisé dans tout le pays. Les motards pouvaient bien s'armer, fabriquer des bombes, se construire des forteresses, augmenter leurs effectifs et s'enrichir au point de devenir plus puissants que les forces de l'ordre, on fermait les yeux. « Ce qu'on ne sait pas ne fait pas mal. » Vraiment? Je déteste cette phrase. De toute évidence, les pouvoirs politiques ont encouragé la montée du pouvoir interlope. Il n'est pas un seul de nos dirigeants qui puisse soutenir qu'il n'a rien vu venir. Pourtant, chacun s'est croisé les bras. Pourquoi? Le crime représente-t-il un pourcentage si important du produit national brut? « Oui », me dira un jour M. Guy Ouellette, alors sergent de la Sûreté du Québec. Personne n'a avantage à priver l'économie du marché noir. Mais encore, qui en tire profit? Je n'ai, de mon côté, jamais endossé de chèque m'offrant une part des fruits de la criminalité. Et vous, monsieur Ouellette?

En août 1995, cependant, l'opinion publique fait pression sur nos gouvernements. Est-il temps ou trop tard? Je l'ignore encore; ce n'est que des années plus tard que je découvrirai le gigantesque sparadrap apposé sur la violence à la manière d'une belle grande affiche fixée sur des trous de balle dans un mur.

Cela dit sans vouloir dénigrer les efforts déployés pour trouver le ou les coupables de l'attentat à la bombe qui a tué mon fils. Dès le 16 août, l'organisme Jeunesse au Soleil offre une récompense de 15 000 $ pour toute information pouvant conduire à l'identification des assassins. Plus tard, le montant sera porté à 35 000 $, puis à 50 000 $. Puis une équipe d'une quinzaine de policiers, vêtus comme des Témoins de Jéhovah, sonnent aux portes de notre quartier afin de recueillir toute déclaration utile à l'avancement de l'enquête, en même temps que continue de circuler la pétition, déjà porteuse d'un nombre record de signatures. Enfin, on porte le nombre de policiers à trente, sous la direction du lieutenant détective Claude Lachapelle.

Galvanisée, survivant à ma peine en désirant de toutes mes forces que justice soit faite, j'offre plus que ma collaboration aux policiers : je travaille pour eux, à l'affût du moindre indice. Par contre, je n'ai jamais le courage d'entrer dans la chambre de Daniel. C'est Maurice qui devra y faire de l'ordre.

Septembre. Cinq millions de dollars sont débloqués afin de lutter contre les gangs criminels, et du même coup est formée la brigade Carcajou, visant à réunir les forces policières de la Sûreté du Québec, de la Gendarmerie royale du Canada et du Service de police de la Communauté urbaine de Montréal. Coup d'importance : on veut faire pression sur le milieu criminel. La police prétend pouvoir découvrir le ou les assassins de mon fils, avec l'aide des sergents détectives Derek Grilli et Jacques D'Astous, ce dernier étant un policier d'une réelle intégrité et qui me sera d'un grand secours dans ma propre « enquête ». Malheureusement, ce type d'homme est rare, beaucoup trop rare… Nous sommes gouvernés et protégés par des peureux, des *pea soup*, comme disent les Anglais.

Soit, je deviens celle qu'on surnommera Miss Carcajou ! Portant casque vitré et gilet pare-balles, pied-de-biche en main, je participe au démantèlement d'un bunker. J'ai droit à une formation antigang complète ! On m'apprend comment sont fabriquées et posées les bombes, on m'explique l'écoute électronique, on me tient au courant des plus récents événements, des derniers développements judiciaires, comme si j'étais une petite fille avec laquelle on aurait accepté de jouer à la guerre afin qu'elle ne se sente pas trop exclue du royaume des garçons. Tout cela dans l'ambiance d'une comédie des plus burlesques. Il n'y a que M. D'Astous qui n'éclate pas en gros rires gras et qui semble comprendre ma peine et ma haine. Je ne « joue » à rien. Je veux qu'on identifie le meurtrier, celui-là qui, d'une boîte téléphonique, a déclenché l'explosion de la jeep piégée qui a tué mon fils.

Dans les rues, à l'épicerie, à la pharmacie, partout, je questionne les gens. Je veux *tout* savoir sur les motards. On m'emmène dans les locaux secrets de la brigade, les yeux bandés, et on me présente à toute l'équipe qui y travaille. Je pose des questions, beaucoup de questions. On me répond qu'on ne peut pas parler, que ça risquerait de « faire casser la glace sous nos pieds ». Oui, mais ne serait-il pas temps qu'on agisse véritablement, en allant voir sous les semelles de botte de chacun de quel terrain de jeu il s'agit ?

– Si les gens savaient, ce serait la panique générale. On risquerait même une guerre civile, finit-on par m'avouer.

Quand même, j'ai l'impression qu'on me cache plus de vérités qu'il n'est nécessaire, et qu'on ne veut surtout pas m'encourager à démêler moi-même les fils enchevêtrés de l'histoire. Une boîte de Pandore est verrouillée dont je n'aurai de cesse que j'aie trouvé la clef.

Plus jamais la peur, ai-je dit. Si les flics sont muets, j'irai voir du côté des bandits. Étrangement, ce sont eux qui viendront à moi...

M'en allant conduire une amie à l'hôpital, je rencontre un homme qui, « veston-cravaté » et accompagné d'une fillette, me tend une enveloppe contenant une promesse de deux millions de dollars, qu'il me remettra en échange de mon silence, dit-il. Je lui réponds :

– Je suis une femme honnête. Je ne veux pas de votre argent sale.

Il m'arrivera plus tard, devant l'insuffisante intervention du pouvoir politique et des forces de l'ordre, de regretter de n'avoir pas pris l'argent. La brigade Carcajou, tout le monde le sait maintenant, n'aura pas réalisé que des exploits. Maurice « Mom » Boucher et ses pairs devaient s'amuser ferme tandis que les policiers se payaient de petites guerres intestines. Le fait est qu'ils avaient le champ libre. Une série d'assassinats, commencée par le meurtre d'une gardienne de prison, une mère de famille, sera commise dans le seul but de semer le chaos dans le système judiciaire.

Or, tandis que les avocats de la défense bénéficient de ressources illimitées, les avocats de la Couronne, eux, doivent relire de vieux bouquins et jouer les secrétaires dans des bureaux de fortune. Ils n'ont même pas accès à la jurisprudence par Internet. Pour connaître le libellé des jugements les plus récents, il leur faudra entendre le plaidoyer de la partie adverse...

Me René Domingue, vieux routier des causes impliquant des motards, démissionnera amèrement de sa lutte contre eux, las de devoir agir tout seul et sans le sou devant tout un troupeau d'avocats richement documentés et rémunérés. Dommage, car ce monsieur est d'une grande valeur. D'ailleurs, combien de gens « droits » reste-t-il dans le milieu? Les criminels sont tellement plus riches et mieux organisés qu'il serait tentant de joindre leurs rangs, non?

Enfin, une chose est sûre : un système surchargé et sous-financé ne peut être qu'inefficace. Alors, pourquoi, des cinq millions alloués à la brigade Carcajou, aucune somme ne fut-elle jamais versée aux procureurs de la Couronne? Cela n'a aucun sens! Quelques-uns avaient intérêt, me dis-je, à ce que les choses échouent. Quelques-uns ou plusieurs...

Le Québec semble particulièrement un paradis pour les motards. Avec le temps, j'arriverai à deviner leur appartenance à un gang malgré leurs élégants habits, leurs attachés-cases et leurs voitures luxueuses. Comme ils ont beau jeu! Je suis estomaquée de constater que, avec l'un des taux de criminalité les plus élevés de tout le pays, les Québécois sont ceux qui accordent le moins d'importance au crime. En Colombie-Britannique, par exemple, on dépense en poursuites plus du double de ce qu'on dépense au Québec (13 $ par habitant contre 5 $ ici).

Maurice « Mom » Boucher peut bien sourire de toutes ses dents devant les caméras : en vingt ans, après avoir été inculpé quarante-trois fois, il n'aura séjourné qu'à peine deux ans en prison. Il peut bien sourire, dis-je, et les mains dans des poches pleines : on évalue à des millions de dollars par semaine (les chiffres, variables, nous laissent quand même en deviner une vingtaine) les profits générés par le narcotrafic. Cela sans calculer l'argent rapporté par les marchés du prêt usuraire et de la prostitution. Et les Hells sont aussi passés à l'ère de l'information. Alors qu'ils gèrent plus de 2 000 danseuses nues au Québec, on estime à 200 le nombre d'entre elles qui exercent aussi le métier d'informatrice, contribuant à l'infiltration des motards dans toutes les organisations, y compris le gouvernement et la police. D'ailleurs, l'un des chauffeurs personnels de « Mom » fut officier de police pendant plus de douze ans. Il possédait tant de ressources qu'il a même réussi à obtenir un prêt gouvernemental pour la construction d'un bunker ! Encore dernièrement, un vétéran de la SQ, se targuant de dénoncer certaines activités illicites des policiers, a plaidé coupable à des accusations de collaboration avec les Hells. Et les exemples en ce sens abondent. Reste à savoir lesquels, parmi nos policiers et nos politiciens, peuvent encore montrer patte blanche...

Pour ma part, je n'ai aujourd'hui plus confiance en personne. Dans un grand sac Ziploc, j'ai mis les noms de tous les gens qui pouvaient, de près ou de loin, être mêlés à la mort de mon fils. J'agite, puis je pige... Un jour, j'accuse un criminel ; le lendemain, c'est un ministre.

* * *

L'enquête policière ne mènera nulle part. Placarderait-on sur tous les murs de la ville la photo de Daniel avec offre de récompense pour l'identification de son assassin que cela ne servirait à rien. On aura tôt fait de conclure que « Daniel se trouvait au mauvais endroit au mauvais moment ». Joli, n'est-ce pas ?

Un délateur, mal soutenu par les policiers, se retient de raconter tout ce qu'il sait. Quand même, on le bénit et on lui offre 50 000 $. J'ai les poils qui se hérissent, le corps tendu comme la corde d'un arc et la voix qui monte en flèche, partout, dans les journaux, à la télévision, sur les bancs d'Ottawa ou de Québec. En vain. Je suis seule. Je suis l'Anonyme que tout le monde reconnaît mais que personne n'entend.

« À quoi bon ? » me demande-t-on. Je devrais me contenter de ce que Jeunesse au Soleil a bien voulu m'accorder, retourner dans ma cuisine pour y faire de la sauce à spaghetti avec les tomates qu'on m'a données plutôt que de les laisser se gâcher, tâcher de reprendre un peu de poids et passer chez l'esthéticienne les jours de trop grand cafard.

Je réclame de l'aide. Je consulte des avocats, qui ne peuvent rien pour moi, ainsi que la Société de l'assurance automobile du Québec (SAAQ), qui ne peut rien non plus puisque le propriétaire de la jeep m'a devancée dans sa demande de dédommagement. On me propose de le poursuivre en justice.

Poursuivre, d'accord, mais QUI ? Le propriétaire du véhicule n'était-il pas Marc Dubé, mort et enterré ? Aurais-je affaire à l'un de ses héritiers ? Ou bien la jeep avait-elle été louée ? Personne ne dit rien. Une forte odeur de magouille me monte au nez.

Je rencontre le journaliste Claude Poirier, chroniqueur d'*Allô Police*, qui me semble au courant de certains faits et gestes non divulgués. Il les gardera pour lui cependant, craignant de recevoir des appels des motards emprisonnés, dit-il. Il m'apparaît évident qu'il se trouve empêché de parler, refusant de répondre à tous mes appels subséquents. Qu'est-ce à dire ? Je suis écœurée : voilà l'adjectif que je répéterai le plus souvent.

* * *

Fin 1995, nous déménageons, les enfants, Maurice et moi, à Longueuil. Un panier de provisions nous est offert pour Noël bien que la belle maison que nous avons dénichée ne laisse rien présager de notre pauvreté. Pour ma part, j'ai déjà connu pire, ayant mangé des rôties tartinées de ketchup ou de mayonnaise plus souvent qu'à mon tour lorsque j'étais enfant. La pauvreté ne m'inquiète donc pas. Je me débrouille avec ce que nous avons et mes enfants mangent toujours à leur faim. Ce qui me déchire bien davantage est la raison qui a précipité notre départ de Hochelaga-Maisonneuve : nous en avons tous assez d'être épiés par tant de regards avides de déceler chez nous quelque folie, quelque souffrance. Cela nous fait le même effet que si des reporters nous tendaient des micros en nous demandant : « Alors, comment se sent-on quand on devient vedette ? »

Je me fais couper les cheveux très courts et j'en modifie la couleur. Je ne veux plus jamais entendre : « Regarde, c'est elle, c'est la madame ! » Je ne veux plus voir non plus la photo de mon enfant, son sourire figé en noir et blanc, sur des poteaux gris et des vitrines sales.

Mais je ne vais pas lâcher prise pour autant. Début 1996, je mets sur pied la fondation Daniel-Desrochers, destinée à promouvoir la lutte contre le crime organisé et à encourager sa prévention. Une jeune femme ayant vécu dans la peur, tout à côté d'un bunker qu'on avait fait exploser rue Gilford, s'offre à devenir mon attachée de presse. Elle s'appelle Sylvie Carol-Picard et devient vite ma grande complice et amie.

J'ai encore en banque les 25 000 $ versés par l'hôpital Notre-Dame lors de mon départ, que j'avais tenu à garder en guise de réserve. Sylvie et moi nous mettons aussitôt au travail. Nous avons l'intention de clamer haut et fort les mots que chérissait mon fils : *paix, harmonie* et *amour*, en dénonçant la violence sous toutes ses formes, en réclamant une loi antigang semblable à la loi RICO adoptée aux États-Unis et en sensibilisant la population à l'urgence d'agir.

Les choses avancent. Je suis bientôt contactée par un agent du SPCUM qui m'annonce que la sixième édition du tournoi de hockey de son corps policier sera faite au profit de la fondation. Voilà une attention qui n'est pas sans me réjouir. La semaine précédant l'événement, il nous invite, Sylvie et moi, à souper dans un chic restaurant. Les choses seront faites avec pompe, nous annonce-t-il. Des casquettes, des tasses et des macarons, tous à l'effigie de Daniel, seront vendus ; les profits devraient être intéressants.

On me convie à faire la première mise en jeu. Je suis émue, contente qu'on reconnaisse le bien-fondé de mon travail. En effet, rien n'a été négligé : journalistes et photographes affluent tandis que le public se procure les objets mis en vente, et tout se déroule dans la cordialité la plus sincère, apparemment...

Apparemment ? Je n'aurai jamais droit qu'à quatre tasses, à une dizaine d'épinglettes et à une lithographie d'un poste de police du Vieux-Montréal ! Et cela malgré mes appels répétés et même mes menaces, car je sais très bien que beaucoup d'argent a été recueilli ce soir-là. Alors, je formule une plainte officielle au SPCUM... C'est comme se plaindre au grand vent sous la pleine lune...

Je suis triste et déçue. Des milliers de dollars manquent à mon projet d'aménager un parc-école paisible près de l'endroit où mon fils s'est effondré. À l'école, Daniel avait déjà travaillé très fort à la création de la maquette d'un « parc pour la Paix » ; sa réalisation me tient donc d'autant plus à cœur. Mais le maire Bourque et le président de la Commission des écoles catholiques de Montréal, sans rejeter le projet (monsieur le maire avait même promis que « Daniel aurait son parc »), se disent désargentés. Ils ne peuvent que me céder un terrain situé en partie dans la cour de l'école du Saint-Nom-de-Jésus et en partie dans celle du Pavillon d'éducation communautaire.

Cependant, à force d'insistance, je réussis à obtenir 50 000 $ du maire et, aussitôt, avec l'aide de bénévoles, je retrousse mes manches, conçois des plans et me mets au travail.

Angle Pie-IX et Adam, le parc Daniel-Desrochers voit peu à peu le jour. Il fera bientôt un bel effet dans le quartier, invitant à la réflexion et à la détente, à la sérénité et à la joie de vivre. Un magnifique module en forme de fusée a été commandé en Allemagne. Le terrassement a été complètement refait, et des fleurs y poussent, de même qu'un arbre de l'âge de Daniel. Je présente déjà l'endroit en l'appelant « le parc dans l'Univers », tant il me semble convier les anges, et mon petit sans doute, à venir y jouer.

Mes parents, comme la grande majorité des gens de mon entourage, se disent impressionnés par mon acharnement. Mon père s'offre même à devenir le comptable de la fondation. Quant à mamie, elle déborde aujourd'hui de regrets de n'avoir pas mieux connu et aimé Daniel. Sa santé se détériore rapidement. Malgré toutes les peines qui, par son fait, dorment encore en moi, je suis touchée par sa profonde souffrance. J'imagine ma mère prenant une longue autoroute sur laquelle tous roulent trop vite, agressifs, indifférents aux autres conducteurs autour d'eux ; elle en heurte plusieurs sans jamais s'arrêter, les yeux rivés à l'horizon, y voit soudain surgir une énorme pancarte annonçant la fin du voyage, et stoppe enfin pour s'attarder à un lièvre écrasé au milieu du chemin.

Dieu que les bonnes gens sont rares ! Je le sais et je ne finirai jamais de l'apprendre non plus. En avril 1996, mon équipe et moi organisons un souper-spaghetti. Quel labeur ! Mais nous sommes tous fiers du résultat : la nourriture est délicieuse, il ne manque ni breuvages ni gâteaux, et chacun en redemande. J'ai même prévu des prix de présence. Par contre, les profits ne sont pas énormes : 1 500 $... moins 1 000 $ volés par notre secrétaire et que je ne pourrai jamais récupérer.

Écœurée, vous dis-je. Enfin... Je préfère l'écœurement au découragement.

Juillet 1996. Cette fois, c'est la brigade Carcajou qui me propose les profits d'un tournoi de golf où sont attendus plusieurs commanditaires ayant à cœur la lutte contre le crime organisé. D'abord sceptique, je finis par céder à la gentillesse du représentant des policiers, qui m'assure de la remise d'un chèque de 5 000 $ le jour même.

Quelques jours auparavant, M. Guy Ouellette, toujours policier de la SQ, m'invite avec Sylvie à souper dans un restaurant de la Rive-Sud afin que nous préparions ensemble le déroulement du tournoi. Voyant ma copine chaussée de bottes hautes et habillée d'un manteau noir, il lui dit qu'elle a l'air d'une salope. Puis, regardant ma tête dégarnie, il parle de mon «innocence», ajoutant que j'aurais mieux fait de garder mes cheveux longs et blonds.

– Tu aurais pu obtenir des renseignements en échange de faveurs sexuelles, dit-il. Comme ça, tu n'es pas belle.

La soirée est longue et pénible. Le policier semble bien décidé à se montrer cruel. Comment arrive-t-on à dire à une mère qui a violemment perdu son fils que le crime est correct tant qu'il fait rouler l'économie ?

– Ce n'est qu'une *game* ! ajoute-t-il.

L'agressivité monte.

– La mort de ton garçon était inscrite dans le ciel…

J'explose. Rouge tomate, je riposte que mon enfant était en pleine santé et qu'il est inacceptable qu'on laisse sa mort impunie.

Enfin, au jour prévu, je ne vois pas de chèque. On me paie plutôt en liquide. Un souper suivant le tournoi, de longues tables recouvertes de nappes blanches se dressent dans un grand local. Chacun sirote un apéro en riant. « Attention ! me dit une femme, les flics, c'est des courailleux ! » Je n'y prête pas attention, acceptant, avec Sylvie, les verres qu'on nous offre sans que nous ayons à les commander et sans même que nous ayons le temps de les boire, les uns arrivant à la suite des autres trop rapidement. Or, puisque nous ne buvons habituellement que très peu d'alcool, nous nous trouvons vite, toutes les deux, joyeusement étourdies. Pendant un moment, je me laisse aller à ma griserie, écoutant distraitement les compliments qu'on m'envoie, tant à propos de mon corps que de ma fondation... Puis c'est le trou noir.

Sylvie et moi sommes reconduites à notre chambre d'hôtel par un policier. Il me prend dans ses bras, l'air protecteur. Je le trouve très attirant. Puis je m'endors ; du moins, je le pense... Le lendemain matin, je suis réveillée par un baiser sur les lèvres. Lentement, les choses se replacent dans ma tête : le flic a abusé de nous deux, Sylvie et moi, puis il s'est endormi près de moi.

Je ne le dénonce pas, sachant qu'il a une femme et deux jeunes enfants, mais quand je le reverrai, peu avant la première marche organisée à la mémoire de Daniel, le 9 août 1996, et qu'il me promettra (mon œil... !) de nouveau l'argent dû en ajoutant : « N'importe quand, on recommence », je ne sais ce qui me retiendra de l'étrangler.

6

Peine perdue

En 1994, il y a eu vingt-quatre attentats à la bombe sur le territoire de l'île de Montréal. Quand Daniel fut touché, il s'agissait du quinzième de l'année 1995. Si on ajoute à cela tous les colis suspects que les policiers jugèrent utile de faire sauter, il ne se passa pas une semaine sans que la police intervienne à cause des méfaits des gangs. Ainsi donc, la perte d'une vie innocente n'était qu'une question de temps et cela, tous, les flics comme les politiciens, le savaient très bien. D'ailleurs, ils en parlaient entre eux, mais ils passaient ensuite à d'autres sujets…

Un journaliste, M. Robert Monastesse, atteint aux jambes par les balles d'un motard en février 1995 à son domicile de Laval, avait pourtant réclamé du ministre de la Sécurité publique une action rapide en vue d'éviter le pire. On l'avait ignoré. L'enquête sur l'attentat dont il a été victime n'ayant jamais eu de suites, M. Monastesse en fut détruit à tout jamais. C'est aujourd'hui un ermite sans travail.

La colère gronde toujours aussi fort en moi. En septembre 1995, une photo laminée de Daniel a été exposée dans le hall d'entrée de son école. Une cérémonie religieuse a ensuite eu lieu, où chantaient des centaines d'enfants. L'événement, couvert par les médias, toucha profondément la population. On y voyait Marie-Perle portant le portrait de son frère à la manière d'une lourde pierre.

Aussi la signature de la pétition avança-t-elle à une vitesse folle ; elle était déjà distribuée et défendue presque partout. Invitée à recueillir d'autres signatures lors d'une foire dans Hochelaga-Maisonneuve, quelle ne fut pas ma surprise quand je vis venir vers moi un nombre impressionnant de Rock Machine, tous consentants à apposer la leur, et devant des caméras.

Je sais que la mort de mon fils n'a pas été causée par un des leurs. L'assassin, celui qui a actionné le détonateur à l'aide d'un téléphone cellulaire, est un Hells Angels que je nommerai « le Cave ». Sous les ordres de son patron, il devait subir une initiation en tuant un rival, Normand « Bouboule » Tremblay, qui avait fait la bêtise de placer une bombe dans le camion de « Mom » Boucher. Mais « le Cave » fit une erreur sur la personne en confondant deux jeeps semblables. Marc Dubé, propriétaire de la jeep détruite, n'était qu'un petit revendeur de drogues allié aux Hells mais ami d'enfance de « Bouboule » qui, la veille, lui avait vendu les roues de son propre véhicule. D'où la confusion. Un pauvre type sera mort pour avoir voulu de belles roues chromées. D'où le ridicule…

Les « Cave » sont connus chez moi depuis l'enfance. C'était une grosse famille de douze dont le père, débardeur au port de Montréal, était un être d'une grande violence. Tout le monde se battait dans cette maison-là. Un jour, à l'école, j'eus à me défendre d'une attaque d'une fille de leur clan qui, sans crier gare, m'arracha une grosse poignée de cheveux et m'assena un coup de poing… parce qu'elle n'aimait pas ma robe.

J'appréciais bien R. Cave, par contre, un gros garçon de mon âge qui parfois venait chez nous. Celui-là puait des pieds, pleurait pour un rien et avait peur de tout, des vers de terre aux papillons. Quand même, c'est aujourd'hui un Rock Machine. Je l'ai revu récemment ; il m'a fait l'accolade, bien que sachant sans doute que j'étais au courant de tout.

Cette information à propos de l'identité du criminel m'avait été donnée dès les tout débuts de l'enquête par M. D'Astous – information que j'aurais l'occasion de vérifier moi-même par la suite. On m'empêcha cependant de la révéler, afin de ne pas entraver le travail qu'on était à faire auprès d'un délateur. Or, aucune des déclarations de ce dernier ne s'avérerait vraiment utile. Pire, il court-circuiterait le travail des enquêteurs en refusant de poursuivre son témoignage pour la Couronne.

On finit par condamner « le Cave » à la prison à vie, mais pour un autre meurtre. Entendons-nous : « prison à vie », ici, signifie une libération conditionnelle au bout de dix ans. Notre ami devrait donc recommencer à siffler sur les trottoirs quelque part en 2006 ou 2007. Il ne faudrait pas que je le croise.

* * *

Fatigués de Longueuil et de son école trop snob pour eux, Benoît et Marie-Perle réclament notre retour à Montréal. Ma mère étant très malade, je loue un appartement tout à côté de chez elle afin d'en prendre soin, et je recommence à travailler, cette fois comme massothérapeute (j'en ai déjà reçu la formation) dans un endroit appelé *Les Quatre Mains*.

Un jour, alors que je suis en train de masser un homme tatoué (chacun ses goûts!), celui-ci se met à me parler en m'avouant qu'il est un Hells Angels, ayant dans son portefeuille assez de fric pour me payer grassement en l'échange de quelques faveurs. J'ai été employée sous une fausse identité (on m'a baptisée «Émilie») et il va de soi qu'il ne m'a pas reconnue. Puis soudain, alors que j'arrive à la hauteur de ses yeux pour lui masser le cou, le motard m'identifie.

– Oh *boy*! fait-il. As-tu envie de m'étrangler?

– Oui, dis-je, mais je ne le ferai pas.

Je m'enfuis dehors, pousse un cri terrible, pleure, puis reviens à l'intérieur. Le type engueule ferme le patron.

– Qu'est-ce que c'est ça ? Tu me fais voir une fille qui ne veut rien faire ?

Puis il se tourne vers moi, me tend son numéro de téléphone et m'offre d'aller boire un café avec lui, disant qu'il pourrait m'apprendre beaucoup de choses.

Je ne répondrai jamais à son invitation, conservant son numéro de téléphone pendant longtemps cependant.

Enfin je viens de comprendre que l'établissement qui m'emploie n'a rien de la respectabilité annoncée. Peu de temps après, un policier de la brigade de la moralité vient d'ailleurs offrir de l'argent à une fille contre une « branlette » et le patron est dénoncé.

De nouveau sans travail, je redonne toutes mes énergies à la fondation, organise une journée « hot-dogs » et un « lavothon », fouille les bibliothèques à la recherche d'informations sur le crime organisé et poursuis la signature de la pétition, me rendant partout, à pied, en autobus, en train ou en taxi (je n'ai pas de voiture), donnant aussi des conférences jusqu'en Colombie-Britannique, où, dans une salle voisine de celle où je me trouve, un motard reçoit ses couleurs. Et vive la démocratie !

Enfin, malgré le désaccord du ministre Ménard, je n'en ai que pour la promotion d'une loi antigang et j'ose même me faire inviter au congrès international de 200 corps policiers chargés de suivre la trace des motards dans le monde. Après avoir entendu mon propos, les policiers acceptent tous de signer ma pétition... De plus, ils offrent 2 000 $ à ma fondation.

Des encouragements semblables à celui-là me sauvent de l'épuisement ; déterminée à arriver à quelque résultat, je parviens à tenir la barre, même en ne dormant que très peu. Le cardinal Jean-Claude Turcotte, dont l'appui sincère me touche beaucoup, appose sa griffe à la pétition. M. Réal Ménard, notre député bloquiste, vient aussi à ma rescousse en portant pour moi des boîtes et des boîtes de feuillets signés à Ottawa. Son appui est total. Le mien aussi : il a l'intention de proposer un amendement à la loi qui permettra aux homosexuels de se marier. Et pourquoi pas ? D'ailleurs, son projet sera accepté, à défaut du mien. On n'est pas prêt à incarcérer les bandits qui vivent du crime organisé sans se salir les mains. Cela exigerait un amendement au Code criminel, faisant appel à des dérogations à la Charte canadienne des droits et libertés. Il faudrait restreindre le droit d'association quand on peut prouver que des organisations poursuivent des buts criminels, et suspendre la présomption d'innocence pour les membres d'un gang criminel, présumant alors qu'ils vivent des fruits du crime organisé.

Je suis consciente que ma demande est de taille. Par contre, partout dans les pays où des lois semblables ont été adoptées, on a constaté que les motards avaient tendance à déménager leurs pénates ailleurs. N'est-ce pas là le but ?

Les choses pourraient être tellement différentes! Les moyens à employer sont là, ils nous pendent au bout du nez, et nous ne bougeons pas. Je blasphème tout bas et des larmes roulent encore sur mes joues.

Le 9 août 1996, une messe commémorative est célébrée, à la suite de laquelle aura lieu une première marche à la mémoire de Daniel. Des bénévoles et moi, ayant travaillé jour et nuit à sa préparation, y allant même de la confection d'un gigantesque buffet (payé de ma poche et dont les restes seront remis à un organisme de charité), voyons nos efforts récompensés par la présence de plus d'un millier de personnes portant banderoles et pancartes pour la défense de la paix. Parmi elles se trouvent des politiciens, des gradés de la police, et la journaliste Jocelyne Cazin, animatrice de l'émission *JE* du réseau TVA.

J'ai cependant mal au cœur et au ventre, je pleure, je me sens paralysée… C'est la première fois que j'ai à me rendre sur les lieux du crime. Il y a un an, jour pour jour, que je les contourne. Les jambes flageolantes, les mains moites, je traverse péniblement cette épreuve. La plaie en mon cœur est toujours béante et le vide en mon âme va s'agrandissant, plus le temps me sépare de mon fils.

Cherchant un peu de consolation, j'ai eu l'idée, il y a quelque temps, d'inviter des artistes québécois à participer à un spectacle au profit de la fondation, en grand manque de fonds. J'entreprends des démarches auprès de la direction du Théâtre Denise-Pelletier de la Nouvelle Compagnie théâtrale. Plusieurs personnalités ont déjà acquiescé avec enthousiasme, dont Bruno Pelletier, Linda Lemay, Isabelle Boulay, Johanne Blouin, Gregory Charles, Lara Fabian, Yvon Deschamps et Marc Favreau, quand, tardivement, nous essuyons un refus de la NCT. J'en suis fort déçue. Le rêve à l'eau, seule avec mon accordéon, je chante : « Pauvre pauvreté… Riche manque d'amour… »

Et ma vie personnelle écope aussi. Maurice est malade. Il commence à me faire peur, disant qu'il voit Marie-Perle, à peine âgée de neuf ans, se masturber. Puis c'est la crise : il doit être admis dans un centre spécialisé où on surveillera l'efficacité de sa médication. Délicatement, progressivement, de crainte de le voir devenir agressif, je le conduis vers la porte de notre logement… en lui offrant l'argent nécessaire pour le paiement de son prochain loyer.

Non, décidément, la vie simple, la vie facile n'est pas pour moi.

Marie-Perle et Benoît sont fâchés de mes absences, me critiquent et s'éloignent. Déchirée entre mon travail et mes responsabilités envers eux et envers ma mère que je n'arrive pas à laisser souffrir seule dans son coin, fatiguée, courbaturée par tant de batailles trop souvent inutiles, cassée comme un clou, je décide de consulter une psychologue et d'offrir à mes enfants d'en faire autant.

La dame qui me reçoit m'assure que je ne suis ni dépressive ni, d'aucune manière, en détresse psychologique (je suis pauvre, seule et seulement exténuée ; une femme normale, quoi !), mais me convainc plutôt d'amener les enfants à la consulter.

Les résultats seront nuls. Marie-Perle et Benoît se sentent traités comme des « malades » et refusent de revivre en sa présence leur lourd passé. Je n'insiste pas, n'ayant moi-même rien trouvé de bien « spécial » à la thérapeute. Mais Marie-Perle pleure tout le temps et Benoît s'est renfrogné, comme quelqu'un qui aurait commencé à se droguer, déjà. Je suis très inquiète. Je veux voir mes enfants vivre, libérés de leurs peines. Cela se produira-t-il un jour ?

Autant en emporte le vent… Daniel est au ciel depuis plus d'un an et, autour de nous, on ne s'offusque plus autant de sa mort. Je sens que les autorités se désintéressent peu à peu de son cas. Le fer n'est plus assez chaud… Chez nous, pourtant, la brûlure est encore bien vive. Notre peine à nous, messieurs les criminels, ne saurait se trouver « réduite » par un plaidoyer fait sous le couvert de la Charte des droits et libertés.

7

La puce à l'oreille

Monsieur le ministre fédéral de la Justice, Allan Rock, me reçoit en faisant l'effort de s'adresser à moi en français. Il me promet, dit-il, de mettre sur pied une équipe multidisciplinaire chargée de faire l'étude du crime organisé sur notre territoire. Et il tiendra sa promesse. « Au moins, me dis-je, en voilà un qui ne badine pas avec moi. » D'ailleurs, comparant son personnage à celui du ministre québécois de la Sécurité publique, je dirai : « Je veux bien donner à Ménard ce qui revient à Ménard, et à César ce qui revient à César... », car rien ne m'a plus insultée, je crois, que cette indifférence avec laquelle on m'a traitée au ministère québécois.

La « politiquainerie » m'exaspère. Il semble que certains politiciens ne soient *eux-mêmes*, c'est-à-dire ce pourquoi on les a élus, que sous les projecteurs.

Tandis que chez nous, à la fondation, vingt-trois bénévoles travaillent avec leur cœur à un monde meilleur… sans gloire ni reconnaissance, se contentant des pauvres lunchs que j'arrive parfois à leur payer.

Nous avons emménagé dans des locaux du Pavillon d'éducation communautaire (dont je deviens la vice-présidente) et poursuivons les démarches entreprises. La pétition va bon train, le parc-école sera bientôt inauguré, mais l'argent manque cruellement. Nous n'avons aucun numéro de charité et ne bénéficions d'aucune subvention. Par contre – et c'est là le champagne des pauvres –, une véritable amitié nous unit, qui fait que jamais je n'envierai tous ces politiciens ou policiers rencontrés, comme tous ceux-là qui, voyant de beaux boutons sur la veste de leur voisin, ne pensent qu'à les leur arracher.

Je peux, avec un seul paquet de bœuf en cubes, préparer trois repas : un macaroni chinois, une fricassée aux pommes de terre, et une soupe aux légumes enrichie de restes de viande… Je peux donc, avec les moyens du bord, déranger le « désordre » social en faisant de moi trois femmes : une qui lutte, une autre qui se tient près de ceux qu'elle aime, et une autre qui souffre encore, avec des restes de larmes dans la voix…

Enfin j'y tiens : je VEUX trouver un peu d'équilibre et de bonheur, pour moi et pour mes enfants.

– Tu es le genre de femme dont on aurait besoin, me lancera un jour un motard rencontré par hasard.

J'aurai aussi l'occasion, un de ces quatre, de croiser Maurice « Mom » Boucher. Je l'aurai probablement tout de suite tué des yeux, parce qu'il me regardera avec un air de poisson mort.

Un livreur de dépanneur m'a récemment offert, en échange de 500 $, d'assassiner l'un ou l'autre de ses proches. Bien entendu, j'ai refusé. Le garçon a même eu droit à toute une réprimande de ma part. Par contre, je ne serais pas fâchée, non, qu'il arrive un grand malheur à cet imbécile-là qui est à la tête de l'organisation responsable de l'absence de mon fils à mes côtés.

Comme je ne serais pas fâchée de découvrir ce qui se passe en dehors des sessions parlementaires…

Un jour, déguisée en Miss Carcajou, je demande à voir le site, situé à Nicolet, où on brûle les narcodollars et la drogue saisis des mains des motards. Quel feu puant ! Les policiers qui m'accompagnent semblent bien s'amuser de mon air innocent et ébahi.

– Mais c'est gigantesque ! dis-je. Sauf que… pourquoi vous ne brûlez pas tout ? Voyez, il en reste beaucoup, là !

– Il faut en garder pour la preuve, me répond un flic.

– La preuve ? Vous avez besoin de tant de drogue et de fric pour fournir une « preuve » ? Alors pourquoi ne faites-vous pas voir tout le magot avant de le détruire ?

– Je ne suis pas procureur, je suis policier, se contente-t-il de rétorquer.

Ah bon! Je fouille et m'informe, découvrant ainsi que, bon an, mal an, des quantités incroyables de « fruits » criminels s'ajoutent à notre Trésor national. Qu'en fait-on ?

En décembre 1996, l'Assemblée nationale a adopté une loi sur l'administration des biens saisis, bloqués et confisqués, qui permet au gouvernement de partager ces produits avec des organismes mentionnés dans ladite loi, notamment les municipalités dont les corps policiers ont participé aux opérations et le ministère de la Sécurité publique lorsque la Sûreté du Québec est impliquée.

En va-t-il de même en ce qui concerne l'administration de l'argent sale et des stupéfiants ?

Le cas d'un policier pris la main dans un sac contenant des kilos de cocaïne nous a confirmé l'existence de la corruption chez les policiers. Il paraît bien, en effet, d'en épingler un de temps en temps... Mais cela ne saurait suffire. Le trafic des produits de la criminalité va bon train, et beaucoup trop, au Québec. Est-il normal que tant d'argent et de drogue restent en circulation après leur saisie ? Récompense-t-on les efforts et la bravoure des policiers en leur offrant un joint ? « Partage »-t-on ainsi le butin ?

J'ai, de mon côté, de forts soupçons. Aussi, j'ai entendu dire que de la drogue se trouvait souvent revendue... aux motards eux-mêmes...

Enfin, les hasards (!) ne cessent de se succéder pour me conduire à la vérité. De nouveau, j'ai la forte impression que Daniel est là qui m'encourage, me protège. Peu de temps après ma visite au site de Nicolet, une jeune femme, habitant tout en haut de chez mes parents et à laquelle j'ai déjà confié de mes découvertes, me convie à un entretien important, dit-elle.

Elle travaille pour le gouvernement fédéral, m'annonce-t-elle alors. Sans préciser son rôle, elle soutient qu'elle a des informations à me transmettre. On veut que je cesse de jouer les Miss Carcajou.

– Tu es déjà allée trop loin, dit-elle. Tu ne dois plus mettre ton nez dans des affaires qui ne te regardent pas.

Jamais les motards ne se seront adressés à moi de cette façon-là.

– Je te dis, ajoute-t-elle, et la chose est sérieuse, que 250 000 $ te sont offerts, à la condition que tu les investisses dans une nouvelle carrière.

Tombant de ma chaise, je la remercie et je m'enfuis !

Aux nouvelles télévisées, je suis mise en contact avec l'attaché politique du ministre de la Justice, et M. Robert Bourassa, atteint du cancer à ce moment-là. Demandant à ce dernier s'il sait jusqu'à quel point le crime organisé a envahi nos gouvernements, je l'entends me répondre :

– Je ne saurais vous le dire.

Puis, jetant un regard du côté de notre interlocuteur qui sourit, il ajoute aussitôt :

– Par contre, je crois que certaines personnes seraient en mesure de vous donner de plus amples informations.

Qu'est-ce à dire ? J'épie le sourire de l'attaché politique. Il me fait penser à celui d'un mafioso bien à l'aise.

Enfin, toujours « par hasard », une de mes belles-sœurs est approchée par deux de ses voisins qui lui offrent de vendre de la cocaïne pour eux : ce sont deux flics notoires, pas des agents doubles.

Évidemment, je ne tends pas à affirmer que tous les policiers font de même et que la corruption est partout et en chacun, ni que tous nos élus devraient être damnés ! Seulement, j'ai vu assez de choses et entendu assez d'étonnants propos pour avoir aujourd'hui une grosse, très grosse puce à l'oreille. Il est à peu près impossible que, trempant à longueur de jour dans des océans de drogue et d'argent, aucun de nos représentants n'ait jamais reniflé l'odeur de la facilité…

Or, il suffit de peu de moutons noirs pour entacher tout le troupeau. Je suis fatiguée du camouflage, du mensonge déguisé en gros titres victorieux dans les journaux, des statistiques édulcorées, réconfortantes, de nos ministères. Non, nous n'allons pas si bien que ça... En 1996, le crime organisé est en pleine expansion, et son ampleur, son étendue et son aire d'action ont déjà atteint des dimensions inimaginables. Les Hells Angels, en particulier, sont partout, et plus d'un pourrait acheter les immeubles de son voisinage, mobilier et chiens de garde inclus.

* * *

Il faudra attendre avril 1997 pour qu'enfin une première loi sur le gangstérisme (C-95) soit adoptée. Les médias m'invitent à de nouvelles séances de photo où je devrais apparaître soulagée, *désendeuillée* et souriante. Je veux bien essayer... Sauf que mon fils est encore mort et que son assassin et ses complices sont toujours vivants.

La loi ne rend pas illégale l'appartenance à un groupe criminel ; elle ne fait qu'augmenter la sentence d'individus ayant participé aux activités prohibées d'un gang, celui-ci se trouvant défini comme étant composé d'au moins cinq personnes dont l'une des principales activités est de commettre des crimes passibles de cinq ans ou plus d'emprisonnement, ET dont certains membres ont déjà commis de tels crimes. On exigera donc, avant de condamner l'accusé, que la preuve soit faite, non seulement du crime commis au profit de son groupe, mais aussi qu'il y a contribué en *sachant* que d'autres membres avaient commis une série de crimes.

Une belle et bonne loi, donc, à remiser sur les tablettes… Non seulement les policiers ne s'en serviront-ils qu'à l'essai, mais encore découragera-t-elle plus d'un procureur dont le fardeau de la preuve se sera par trop alourdi, si bien qu'on ne lui fera passer aucun test judiciaire.

Je devrais feindre l'ignorance et crier victoire sur la place publique?

Pendant que la brigade Carcajou continue son œuvre, disant vouloir «enrôler le grand public» en augmentant ses primes de récompense et en publiant un numéro de téléphone permettant de la joindre vingt-quatre heures sur vingt-quatre, et tandis qu'on prend grand soin d'informer la population de la moindre arrestation, du moindre gramme de haschisch saisi, la guerre des motards, elle, se poursuit. On stocke armes et dynamite, on recrute du personnel et on passe à l'action. De nouveaux attentats à la bombe et des meurtres sont commis.

Voilà deux ans maintenant que la brigade Carcajou a été mise sur pied, et les rues de mon quartier me paraissent toujours enduites du goudron du mépris et de la haine. J'irai souvent, dès l'inauguration du parc pour la Paix de mon Daniel, me recueillir, bien droite, sur l'étoile de béton symbolisant le voyage de mon fils vers un monde meilleur.

En novembre 1997, le YMCA me décerne sa médaille annuelle de la Paix. J'en suis émue. Je voudrais

RÉCOMPENSE   REWARD
15 000,00$
DANIEL DESROCHERS
VICTIME INNOCENTE / INNOCENT VICTIM

RÉCOMPENSE 15 000,00$ REWARD

Si vous avez des informations visant à faire arrêter et condamner le ou les responsables de la mort de Daniel Desrochers survenu le 9 août 1995, S.V.P. contactez:

If you have any information leading to the arrest and conviction of the person(s) responsible for the death of Daniel Desrochers on August 9, 1995, please contact :

 Police (514)280-2777
(514)280-2052
SPCUM

 (514)842-6822

La récompense expire le 28 février 1996.   Reward expires February 28th, 1996.

C'est ce sourire de Daniel que l'on verra partout
mais qui jamais plus ne sera.

En compagnie de Marie-Perle, huit ans, peu après le décès de Daniel.

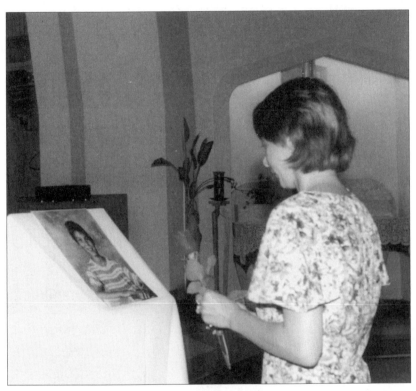

Le 9 août 1996, une messe commémorative est célébrée.
Je tiens une rose et pleure mon fils tant aimé.

(Photo : Yvan Tremblay, *Le Journal de Montréal.*)

Une croix est érigée sur les lieux de la tragédie.
La population, furieuse, demande aux autorités d'intervenir.

(Photo : John Taylor, *Le Journal de Montréal*.)

Je prends une pelletée de terre qui servira à la plantation d'un premier arbre dans le parc-école Daniel-Desrochers.

Des musiciens du groupe Mozzard-est-là m'accompagnent tandis que je chante *Quand les hommes vivront d'amour*, de Raymond Lévesque.

Le 9 août 1996, une première marche est organisée
à la mémoire de Daniel. Derrière moi se trouve
mon fils Benoît.

Le 9 août 1997 a lieu une deuxième marche, à laquelle
participent encore 300 personnes.
(Photo : John Taylor, *Le Journal de Montréal*.)

En reconnaissance
de sa contribution exceptionnelle a titre de

Pacificatrice

Josée-Anne Desrochers

a été choisie récipiendaire de

la Médaille de la paix de YMCA Canada de 1997

par

YMCA Hochelaga-Maisonneuve

_____
Président

_____
Directeur général

"...La responsabilité face à la paix doit être assumée par chaque personne, dans ses relations avec sa famille et ses amis, et s'étendre dans la vie de sa communauté et les activités d'enrayage nationale. Il n'existe aucune recette miracle. C'est à vous de chercher, d'agir et de prier, et de trouver des moyens d'être des "artisans de la paix".
- Déclaration du YMCA sur la paix

En 1997, je suis décorée de la médaille de la Paix
du YMCA de Hochelaga-Maisonneuve.

En 1998, c'est le « re-coup » de foudre entre moi et Michel Gagné, mon meilleur ami d'enfance.

la porter en mon cœur, qu'elle le protège et en chasse toute colère. Car ma révolte est encore grande. Arriverai-je un jour à pardonner à celui qui a tué mon fils et à accepter la violence avec laquelle on a causé sa mort? Pourrai-je de nouveau m'occuper sereinement de mes enfants, de mes fleurs et de mes chiens, sans qu'une grande claque dans le dos me pousse à sortir précipitamment de la maison pour chercher des coupables?

Il m'arrive parfois de craindre ce que je suis devenue.

8

RIEN

Juillet 1997 : mamie ne dort plus. Elle a trop peur de mourir dans son sommeil. Nous faisons installer chez elle tout l'appareillage nécessaire à un suicide assisté et, jour et nuit, une semaine durant, je resterai à son chevet, lui administrant ses médicaments dont une piqûre de morphine aux quinze minutes, l'hydratant, soignant ses plaies, la tournant de côté dans son lit hydraulique qui me permet de la déplacer sans me blesser. Bien qu'épuisée, je ne ferme l'œil que quelques instants lorsque l'un de mes frères m'accompagne. Parce que j'ai le cœur plein d'espoir : je voudrais tant que ma mère et moi fassions la paix avant son départ. Je voudrais tant que ses derniers mots pour moi soient pareils à ceux qu'avait prononcés mon petit Daniel : « Je t'aime », tout simplement.

Alors, j'attends. Comme toute ma vie j'ai attendu, un signe, une porte qui s'entrouvre, un regard... Le mien l'implore, en vain. Le 25, elle s'en va, *sans un mot, sans un adieu, sans un sourire.*

Ma peine est profonde, en même temps que j'éprouve un grand sentiment de délivrance. C'est un peu comme si, marchant seule et chagrine dans une forêt toujours grise, je venais de m'apercevoir que, malgré l'absence de lumière, mes pas se sont allégés car j'ai perdu soudain le lourd boulet qui se trouvait depuis longtemps fixé par une chaîne à l'une de mes chevilles.

Je suis une orpheline de l'amour, maman. Déjà, toute petite, je m'émerveillais de la moindre délicatesse d'une mère envers ses enfants, et il m'arrivait même de rêver que vous mouriez (ou que je vous tuais, je vous en demande pardon), afin que je puisse vous remplacer par une autre, pas nécessairement une Maria chantant *La Mélodie du bonheur*, mais, à tout le moins, une femme douce et tendre, capable de fantaisie et de lumière, d'écoute et d'empathie, sachant bien que cela vous était impossible et qu'il ne servait à rien de l'espérer. Voyez-vous comme j'ai souffert?

Quand même, allez en paix, maman… Je ne vous en veux plus et je vous souhaite de trouver, quelque part parmi les étoiles, l'amour qui vous a aussi tant manqué.

* * *

Chez moi, le ciel est noir comme un couvercle de fonte, et il en sera de même pour un bout de temps encore. Dans quelle sorte de karma suis-je tombée? Pourquoi ne reçois-je jamais aucune aide? Qu'ai-je tant fait au bon Dieu?

Des avocats consultés, et j'en ai vu et en vois encore plusieurs, aucun n'a daigné m'expliquer clairement pourquoi il ne pouvait rien obtenir pour moi du gouvernement (étrangement, la SAAQ m'enverra d'elle-même, en 2001, des papiers me permettant de réclamer un montant de 30 000 $), ni pourquoi la seule mention du mot « Hells » lui donnait l'air, tout à coup, d'être tombé de la dernière pluie, encore tout tremblant d'émotion et de peur…

« Pauvres petits nous ! » dirait Sol. Ajoutons aussi que je suis admissible à l'aide juridique, donc inintéressante en tant que cliente.

Et inintéressante tout court : je suis lasse. Tout manque à ma vie. Et les trous dans mon budget sont maintenant si grands qu'il me faut trouver rapidement une solution ; autrement, « on ne passera pas l'hiver », qui arrive dans quelques mois. L'aide sociale m'envoie un peu plus de 500 $ par mois, je déniche aussi quelques contrats en massothérapie, mais cela est bien loin d'être suffisant au paiement du loyer et de l'épicerie (j'ai rayé de ma liste toute autre dépense et prie pour que Benoît et Marie-Perle ne grandissent pas trop vite cette année).

Enfin, poussée par la désillusion tout autant que par l'urgence, je prends mon courage à deux mains et décide d'affronter les Hells Angels en bonne et due forme, par l'entremise de l'avocat de Maurice Boucher, Me Gilles Daudelin. Celui-ci me reçoit gentiment, sûr de sa personne. Il parlera à son client et me rappellera, dit-il.

– Trois millions, ça t'irait ? demande-t-il.

– Je ne sais pas si ça m'irait, mais je vous demande seulement de faire votre travail, réponds-je. Je veux voir « Mom » Boucher.

Des semaines s'écoulent sans que j'arrive à joindre l'avocat. On me répète sans cesse qu'il n'est pas là. Alors je finis par me rendre à ses bureaux et je croise le monsieur dans un ascenseur. Il se met à blêmir et à bafouiller. Il ne peut ni me recevoir ni me parler, dit-il, sa tête étant mise à prix s'il me contacte.

J'ai bien l'impression d'avoir froissé l'ego de l'ami « Mom » en même temps qu'il froissait sa promesse de deux millions déjà offerte et me voyait poursuivre ma lutte antigang.

Un peu plus tard, lisant un roman de John Farrow traduit en français sous le titre de *La Ville de glace*, je tombe tout à coup sur un passage où on raconte et commente l'explosion survenue en 1995, en modifiant mon nom et en changeant mon sexe tout en nommant Daniel sous sa véritable identité.

Je consulte aussitôt une avocate spécialisée dans les droits d'auteur, à qui je demande :

– On aurait pu m'en informer, non ?

– Je ne peux pas vous aider, dit-elle. Autrement, une tuile me tomberait sur la tête.

Voyons donc! Depuis deux ans que je clame haut et fort le fond de ma pensée, rien ne m'est encore arrivé, bien au contraire! RIEN est le résultat même de mes démarches, si l'on excepte l'appui considérable des gens à la signature de la pétition et les fonds versés par la Ville pour la construction du parc. Alors, qu'est-ce donc que cette trouille manifestée par chacun et qu'on exhibe sans cesse en guise d'excuse?

RIEN s'en retourne chez elle, le casque plein. J'organise tout de même une deuxième marche, le 9 août 1997, à laquelle participent 300 personnes dont, encore une fois, plusieurs policiers et personnalités politiques. C'est toujours ça de pris, me dis-je, en même temps que je commence à me sentir, vaguement, devenir décrocheuse…

Je ne serai cependant jamais une paresseuse. Ou je me démène ici ou je me démène là… Or, les occupations ne manquent pas, la fondation étant toujours active et mon travail au Pavillon d'éducation communautaire se faisant exigeant. De plus, mes enfants réclament ma présence accrue auprès d'eux. En septembre, Benoît, qui n'a que 13 ans, refuse de retourner à l'école. Je suis découragée: il traîne ses savates dans les rues, ne s'intéresse à rien et fume de l'herbe folle. Quant à Marie-Perle, elle pleure si souvent, a le corps si chaud qu'elle développe des problèmes capillaires, finissant par entretenir ce qu'on appelle des « poux de fièvre ». Puis elle se met à trop manger, engraisse, se fait traiter de « négresse » à cause de la rondeur de ses fesses et devient bourrée de complexes.

L'hiver 1997 sera long, très long. J'aime mes enfants. Leur souffrance, s'ajoutant à la mienne, fait de moi la plus lourde des porteuses d'eau. J'ai l'impression d'avoir dans mon seau toute la mer à boire, une mer en furie, couleur *charcoal*. On est loin de la contemplation des soleils couchants. Il m'arrivera même parfois de rêver que je me noie, que je m'éteins à tout jamais, comme Daniel et mamie. Je serais si bien…

Je pleure beaucoup, puis je tente de venir à la rescousse de mes petits. Benoît fait un nouvel essai à l'école, sans succès. Depuis la mort de son frère, il n'habite plus sur la même planète que les autres enfants, n'a plus ni rêve ni désir sauf celui de devenir un jour détective…

– Quel genre de détective ?

– Dans les crimes majeurs, me dit-il.

Mais on ne se bâtit pas une carrière sur des cendres. Mon fils a perdu non seulement un petit frère aimé et aimant, mais tout son enthousiasme à se réaliser lui-même.

* * *

« Miss Carcajou », quant à elle, en a marre. Je n'arrive toujours pas à me faire rembourser les sommes dues par les corps policiers, lesquelles totalisent une dizaine de milliers de dollars, et la fondation se trouve endettée. Quelques journalistes me prêtent encore attention, dont M. Michel Auger, du *Journal de Mont-réal*, qui est devenu mon confident, mais tout stagne, y compris l'enquête sur la mort de Daniel.

En 1998, M. D'Astous prend sa retraite. Un nouvel enquêteur m'est présenté, que j'ignore... Je sais très bien que le dossier se trouve déjà clos, bien qu'on m'assure du contraire. On ment, on rit de moi. Les enfants, devant ma mine défaite, me demandent de tout laisser tomber.

– On voudrait être ailleurs, vivre autre chose, maman...

Et moi donc ! Peu à peu – cela ne se fera pas du jour au lendemain –, je commence à voir et à accepter ma défaite. Progressivement, mon bouclier s'est couvert de rouille, mes lentilles cornéennes se sont égratignées, et mes oreilles ont recommencé à entendre le triste chant de ma solitude. Je n'ai plus aucun espoir d'être aidée par les gens au pouvoir. Par contre, et c'est plus fort que moi, je crois fermement à la « loi du retour ». Il faut que la Justice existe, que la Vie ait un sens, que la Mort ne soit pas que cette faucheuse arpentant la planète à tort et à travers telle une démente armée et libre ?

Un jour, mon Daniel...

Dernier effort, dernière marche, le 9 août 1998. À peine une trentaine de personnes y participent. Une poignée de gens vrais. Alors, je fais le bilan des trois

dernières années : un enfant, mon fils, est mort inno-
cemment parce que de gros bras tatoués, de larges dos
étiquetés, cervelles minces comme des escalopes bien
battues, se faisaient la guerre ; le peuple ne s'en est pas
réjoui ; aussi les autorités ont-elles immédiatement
décidé de cracher de l'argent dans les rues dangereu-
ses, et le peuple en fut content. Le peuple, il se contente de peu… puis il oublie.

C'est ainsi. Seule une poignée de gens « vrais »,
ceux-là qui savent, comprennent ou devinent ce que
représente la perte d'un enfant, m'encourageront
encore. Mais j'ai maintenant plus que mon voyage : il y
a trois ans que je traîne un bagage plein de lourds men-
songes, de fausses promesses et d'attentes inutiles.

Mes enfants ont raison : il me faut lâcher prise. Dès
demain, « je commence une nouvelle journée… » Au
menu ? De la paix, de l'harmonie et de l'amour, bordel !

9

Marcher sur un nuage

Distraitement je feuillette les pages d'un quotidien, la tête ailleurs, du vague à l'âme et le corps frileux. Je voudrais... une surprise, un cadeau, tiens ! Il y a si longtemps que la vie ne m'en a pas fait. Puis tout à coup mon regard tombe sur les annonces d'une agence de rencontres et je me surprends à les lire avec une étrange lueur d'espoir. Je m'imagine commençant mon propre message par : « Femme en colère, poids proportionnel, cherche la vérité... », ou bien : « Femme démanchée cherche prince charmant sachant sécher ses pleurs au soleil... »

Je souris, puis, transformant mon sentiment de solitude en espièglerie, je décide d'appeler un homme, n'importe lequel, *à mon secours.*

Encore une fois, le hasard... veut que je retrouve mon meilleur ami d'enfance et mon plus proche compagnon d'adolescence, Michel Gagné. Nous nous fixons aussitôt un rendez-vous et, dès nos retrouvailles, le

11 août 1998, c'est le «re-coup» de foudre. J'avais oublié que j'avais été tant aimée, autrefois, par ce petit garçon auquel je confiais tout, ma détresse comme mes rêves, et en lequel j'avais (et il fut le seul) une confiance totale. Jamais il ne toucha à mon corps... Du jamais vu pour moi! J'écoutais la chanson *Ring My Bell* à répétition, songeant sans cesse à lui, trimballais sa photo, écrivais son nom à l'encre de Chine sur mes draps, au grand dam et à la colère de ma mère!

Nous jasons des heures durant et, comme avant, il n'y a rien de censuré entre nous. Il est évidemment au courant de la mort de Daniel, de la bataille que j'ai menée depuis, et il m'assure de son soutien. C'est un homme fort, lucide et courageux. Auprès de lui, je n'ai plus de crainte et je n'ai plus froid.

Nous faisons le projet d'aller en camping avec les enfants, à Rawdon, un endroit superbe, à la limite de la plaine laurentienne et des contreforts des Laurentides. Jamais, jamais, depuis la mort de Daniel, les enfants et moi n'aurons été si bien consolés, tant et si bien que le mot «bonheur» nous sera enfin remonté aux lèvres ce week-end-là.

Ginette, la sœur de Michel, accompagnée de ses deux filles et de son petit garçon, est aussi de l'expédition. Les enfants s'amusent fort. Quel bien-être je ressens à les voir courir, sauter à l'eau et rire aux éclats! Oui, je veux, oui, je vais lâcher prise... Le soir venu, futurs cousins et cousines décident de dormir ensemble sous la même tente, Ginette occupant une monoplace, et, à ma question: « Et moi, je vais coucher où ? », ils me lancent tous d'une seule voix: « Avec Michel ! »

Je suis gênée comme ça ne se dit pas... Et tellement que, avant de m'étendre à ses côtés, je m'habille de presque tous les vêtements que j'ai apportés, malgré la chaleur. J'ai l'air d'une mendiante. Lentement, tout doucement, Michel m'enlève mes pelures. Tiens, il n'y a plus de femme de métal en dessous...

Je ne me reconnais plus. L'expression « marcher sur un nuage » serait-elle archiconnue de tous les amoureux de la planète, moi, c'est la première fois que j'en fais la véritable expérience.

Et plus encore lorsque, sur les conseils de Michel, j'entreprends de me débarrasser de tout le stock accumulé depuis des années. J'ai tant de papiers, de vidéocassettes et de journaux que mon logement pourrait être comparé à la salle où les policiers entassent leurs preuves contre Maurice Boucher ! Faisant table rase de toute cette documentation inutile autant que blessante, je retrouve mon souffle: j'inspire très fort... et une expiration suit, qui me paraît faire du vent sur une distance de plusieurs kilomètres...

Quelque temps plus tard, nous préparons nos valises, les enfants et moi, et je m'occupe de faire entreposer notre mobilier. Nous partagerons l'appartement de trois pièces, exigu, de Michel, à Chertsey, dans le comté de Lanaudière. L'adaptation n'y sera pas facile:

nous qui n'avons jamais habité que dans de vastes logements, nous nous retrouvons du jour au lendemain entassés comme des sardines, sans plus aucune intimité, et nous devrons patienter ainsi, chacun s'enfargeant dans les pattes de l'autre, huit mois durant. De plus, il faudra compter une bonne année avant que Benoît et Marie-Perle se déclarent chez eux à Chertsey.

En attendant, non, ce n'est pas encore le bonheur : Benoît est devenu un délinquant...

J'ai beau tout faire pour lui, il me semble qu'il ne vit plus qu'en dehors de lui-même, indifférent à tout. Inscrit à la polyvalente, il sèche ses cours, allant même jusqu'à passer une journée entière grimpé dans un arbre. Puis un grave conflit éclate entre lui et Michel, mon amoureux étant un grand travailleur, capable de presque tous les métiers dans le domaine de la construction et, de ce fait, fort peu patient envers les « pâtes molles ».

Va pour l'exiguïté des lieux quand on s'aime, mais là... on ne s'y endure plus. Benoît est si effronté – il crie et il menace – qu'un jour, se retenant de le frapper, Michel se fracasse le poing contre un mur et fracture l'os carpien de sa main droite. Il lui faudra des mois avant de pouvoir reprendre le travail. La limite, pour lui, a été atteinte. Il exige de moi que je passe à l'action.

J'hésite un temps, puis, vaincue, j'obtiens que mon fils soit placé dans une famille d'accueil pour une période de trois mois, à la suite de laquelle il devrait, ainsi qu'on l'attend de lui, « savoir apprécier » ce qu'on lui donne.

En effet, ce moment de recul s'avérera positif. De retour à la maison, Benoît démontre une réelle volonté d'être et d'agir mieux. Il refuse cependant toujours de reprendre ses cours à l'école, se trouvant trop vieux par rapport aux autres élèves de sa classe. Alors je l'invite à souscrire à un programme spécialement destiné aux décrocheurs, au cours duquel il étudiera le métier de quincaillier, en alternance avec des périodes d'apprentissage académique. Malheureusement, sitôt sa formation terminée, on ne l'embauche pas et c'est de nouveau le vide, un vide où il n'est plus encore que ce détective imaginaire qui n'œuvrera jamais qu'en rêve, blessé et impuissant. Au fond de ses yeux, je ne vois plus que rage, tristesse et démission, et je dois le supporter ainsi car je n'y peux rien.

Marie-Perle, quant à elle, se tient dans mon giron, fuyant les petites filles de son âge, et toujours à réclamer ma présence à ses côtés et à chanter : « *Montréal, c'est toi ma vie, c'est toi que j'aime...* »

Je lui accorde le temps qu'il faut, confiante qu'elle finira par jeter un œil au dehors, ce qu'elle tentera en effet un beau jour ; puis, un an après son arrivée à Chertsey, je l'entendrai dire qu'elle ne veut plus retourner à Montréal, même en simple touriste.

Michel et moi louons un nouveau logement avant de faire ensemble le grand saut et de nous porter acquéreurs d'une maison sise en plein bois. Notre amour est grand et c'est une chance, me dis-je, parce que bien peu d'hommes auraient alors accepté de partager leur vie avec moi et mes deux enfants, si mal en point.

Suis-je moi-même « remise » de la mort de Daniel ? Non. Cela est impossible et n'adviendra jamais. Par contre, une toute nouvelle paix se fait peu à peu en moi. Je travaille maintenant à la maison, ayant ouvert un petit cabinet de massothérapie, et Michel est là qui veille aussi au grain, m'appuie, m'aime. Enfin je n'ai plus à jouer le rôle de « l'homme de la situation » et, même s'il m'arrive de trouver mon compagnon un peu orgueilleux et têtu, et parfois dur envers lui-même et les autres, je ne regretterai jamais d'avoir choisi de vivre avec *un vrai gars...*

Bien entendu, même si j'ai fait le saut jusque dans une nouvelle vie où chaque jour se lève tout neuf sur la campagne et où je nourris les chevreuils qui se tiennent à proximité de la maison, moins sauvages que ne l'est devenu mon cœur, je continue, presque malgré moi, à suivre les péripéties de la guerre des motards. Lisant quelques journaux, écoutant les nouvelles, j'apprends que le bilan de la brigade Carcajou, malgré tous les déboires de ses policiers peu enclins à travailler les uns avec les autres, n'est peut-être pas si désastreux qu'il y paraissait. On parle maintenant de 553 arrestations ainsi que de la saisie de 296 armes, de 1 317 explosifs ou grenades, de 597 kg de drogue, de 884 000 $ en argent et de 4,8 millions de dollars représentant la valeur de biens de toutes sortes.

Soit! Cela me semble un progrès... à la condition que ces données soient justes. Allez savoir...

Anyway... ce n'est pas moi qui irai vérifier. J'ai amplement fait ma part, comme on le dirait d'une mère qui, pour la survivance de sa race, a accouché de douze bébés potelés. Bien calée dans un fauteuil de mon salon, «j'ai les ardeurs qui se sont calmées», dis-je, et grand bien m'en fasse. *Photo Police, Allô Police* et Cie ne font plus partie de mon quotidien, je n'ai plus à me taper les textes sensass de journalistes qui ne savent pas écrire, ni à regarder les photos des sales gueules de bandits de tout acabit. Je suis loin...

Et pourtant... Un soir, Michel et moi nous rendons au *Billard Bar*, à Chertsey même, pour y entendre un groupe d'amis musiciens, accompagnés de leurs conjointes et de quelques admirateurs. La soirée s'annonce agréable: Michel et moi sommes contents de nous offrir une petite évasion à deux pas de la maison, la bière est fraîche et les gens qui sont là ont l'air corrects, *ordinaires*. J'entame une conversation avec une jeune femme assise à mes côtés et, tout en badinant, nous nous faisons la surprise réciproque d'avoir enfanté chacune un garçon à la même date, le 24 décembre 1983.

Je lui demande:

– Le tien s'appelle comment?

– Yannick. Et le tien?

– Le mien s'appelait… Il est mort. Son prénom, c'était Daniel.

– Daniel ?

– Daniel Desrochers.

J'ai soudain l'impression que mon interlocutrice va s'évanouir, tant son visage s'allonge et pâlit. Elle porte une main à son front en sueur. Je lui demande ce qui ne va pas. Elle promet de se confier à moi si je jure de ne pas lui en vouloir. Je m'empresse alors de l'encourager à poursuivre.

– J'y étais, bafouille-t-elle. J'étais parmi les six personnes qui avaient pour mission d'exécuter la maudite job.

J'apprends ainsi que, le 9 août fatidique, une camionnette blanche se trouvait postée non loin du véhicule que les Hells Angels avaient décidé de faire sauter. Trois personnes y prenaient place, dont elle-même, tandis qu'un homme était un peu plus loin, surveillant le déroulement de l'action, et qu'un autre se trouvait dans une boîte téléphonique à moins de cent mètres de la jeep. C'est celui-là qui devait appuyer sur le détonateur, une fois qu'il aurait reçu un coup de fil lui ordonnant de le faire.

– La sixième personne était donc le *boss* ?

– Plus ou moins, mais c'est lui qui avait suggéré à « Mom » d'exterminer Normand Tremblay et, pour ce faire, d'engager un gars qui devait subir une initiation.

– Le Cave…

– Oui, c'est lui, confirme-t-elle. Sauf qu'il est mort.

Je la corrige :

– Non. Il est en prison.

Elle répète :

– Il est mort.

J'insiste :

– Non ! Je te dis qu'il est en prison !

Et la femme de me raconter que, après la déflagration, elle-même, un homme et « le Cave » se sont rendus dans un local où les attendaient des Hells. Mécontents qu'un enfant ait été atteint, ils auraient demandé à la femme et à son comparse de sortir dehors afin de rester seuls avec l'auteur du crime, ce qui fit conclure que « le Cave » avait été tué sur-le-champ.

La pauvre femme (elle fait vraiment peine à voir) m'avoue encore qu'à cette époque elle livrait de la cocaïne. Elle devait aussi beaucoup d'argent aux motards et c'est la raison pour laquelle elle n'osait refuser de participer à des activités criminelles.

Sitôt après l'événement, dit-elle, elle s'est enfuie de Montréal avec ses enfants, et elle vit depuis dans la pauvreté et la crainte constante d'être repérée.

À celle-là, j'arriverai à pardonner sa présence sur les lieux de l'attentat, bien que le cœur me lève à l'entendre parler et que je la trouve d'une imbécillité parfaite (elle se vante d'avoir un fils qui, à quatre ans, fume déjà de la marijuana).

Tirant Michel par la manche, je me dépêche de rentrer à la maison.

10

Le pire des fléaux

Je suis bouleversée, troublée, obligée de faire face aux nouvelles images qui me viennent, plus précises qu'avant. Je vois maintenant la camionnette, la *runner* de cocaïne dedans, j'entends sa voix, je sens son parfum... et encore je vomis. J'ai beau essayer de détourner la tête, il n'y a rien à faire : le même scénario se déroule sans cesse, partout, autour de moi. C'est un film d'horreur présenté sur écran géant et dont on m'oblige à être la spectatrice, enchaînée à son siège dans une salle obscure qui pue.

Du même coup, la paix, la toute petite paix qui avait commencé à poindre en moi, s'envole. La colombe entrevue se métamorphose, redevient la corneille enragée qu'elle fut. De nouveau la hargne et l'envie de crier, les crises de larmes, le goût de tuer.

« Lâchez-moi ! »

Ils sont tous là... Il me semble qu'ils sont des centaines, des milliers à m'encercler, à rendre ma libération impossible. Partout où je vais, ils s'imposent à moi, font la une des journaux du dépanneur, alimentent les conversations des gens que je rencontre, font parler d'eux entre deux chansons du poste de radio.

Ils sèment la terreur, ils blessent et ils tuent. Combien de femmes violées, d'hommes massacrés, de jeunes violentés s'ajoutent-ils aux victimes innocentes qu'on identifie dans les médias ? Combien, monsieur Ménard ? Ces victimes se comptent-elles « sur les doigts d'une seule main », ainsi que vous aurez le culot de le prétendre ?

* * *

En juillet 2000, les journalistes s'emparent de l'histoire d'Hélène Brunet, simple serveuse de restaurant atteinte par quatre projectiles d'arme à feu parce qu'un lâche a décidé de se servir d'elle comme bouclier pour se protéger de son agresseur.

Bon, ce n'était qu'une serveuse… comme je n'étais qu'une mère de famille… et comme les deux gardiens de prison assassinés en 1997 n'étaient que des gardiens… et comme M. Monastesse n'était pas une vedette… et comme… qui encore, monsieur le ministre ?

Aussitôt après l'attentat qui a failli coûter la vie au « très apprécié » chroniqueur Michel Auger, le 13 septembre 2000, vous faites cependant une volte-face digne de mention, cher monsieur Ménard !

Veuillez donc agréer toutes mes félicitations ainsi que mes salutations distinguées...

Nous voici finalement, tous les deux, sur la même longueur d'onde! Enfin, vous exigez d'Ottawa l'adoption d'une vraie loi antigang. Vous m'en voyez fort aise. Cependant, nos motifs diffèrent: alors que j'en fais la promotion depuis la mort de mon fils et parce que mon cœur de mère a tant souffert et souffre encore, vous le faites simplement parce que vous vous rendez compte que votre niveau de popularité est en chute libre, point à la ligne.

Or, c'est une bonne partie de la population du Québec que vous pouvez récupérer en feignant d'être de son côté, n'est-ce pas? Comme vous parlez bien! Je vous cite: «J'en suis arrivé à la conclusion qu'il faut utiliser des moyens légaux exceptionnels et limités dans le temps.» Merci. Votre changement d'attitude me touche profondément.

Mais permettez encore, cher monsieur, que j'appelle à la barre des citations un journaliste du quotidien *The Gazette*, M. Don Macpherson, dont un article a été traduit dans les pages de *La Presse* du 24 septembre 2000 (notez que c'est un anglophone, fédéraliste et sans doute «incapable» de nous comprendre, nous les *frogs*):

«Souvent ces temps-ci, je me surprends à penser à Daniel Desrochers, ce garçon de 11 ans tué par l'explosion d'une voiture piégée, il y a cinq ans, en pleine guerre des motards [...]

«Avant même que son nom ne refasse surface, cette semaine, au lendemain de l'attentat contre le reporter Michel Auger que tout le monde présume être l'œuvre de motards, je pensais déjà souvent à Daniel Desrochers.

«Je pensais à lui chaque fois que j'entendais dire qu'une célébrité québécoise trouvait ça bien de se tenir avec des motards, ou alors quand je voyais des photos d'un "Mom" Boucher souriant, à un match de boxe.

«Quand j'ai rigolé en entendant Jean-Pierre Ferland faire une blague au sujet du mariage d'un Hells Angels (il trouvait que les proches du marié semblaient avoir de la difficulté à se rappeler les paroles du *Notre Père*), je me suis soudain rappelé Daniel Desrochers. Et j'ai eu honte de moi.

«Et j'ai aussi pensé au petit Desrochers quand j'ai lu que Ginette Reno avait chanté pour les Hells à la réception de ce même mariage, qui avait lieu au domaine de "Mom" Boucher. Et j'ai pensé à lui, encore, en lisant que ni les admirateurs de la chanteuse, ni la chaîne de restaurants *Mikes*, dont elle fait la publicité, ne faisaient grand cas de tout cela. (Depuis, d'ailleurs, je ne peux m'empêcher de penser à Daniel Desrochers quand j'ai le goût de commander de la nourriture chez *Mikes*. À chaque fois, on dirait que ça fait passer cette envie.)

«Je pense aussi au petit Desrochers quand, dans les villages du Québec, lorsqu'il y a des ralliements ou des courses de Hells, les badauds s'agglutinent pour les voir, avec leurs blasons et leurs motos.

« Des fois, je pense même à Daniel Desrochers quand je passe à côté d'une jeep. C'était dans ce type de véhicule qu'était posée la bombe qui l'a tué. Après tout, les cibles potentielles des motards peuvent être partout, pas juste dans Hochelaga-Maisonneuve et comme on le sait, les motards ne se préoccupent pas des passants innocents.

« Cette semaine, quand Auger a été abattu, et que les journalistes et les politiciens ont tous dit en même temps qu'ils étaient allés trop loin cette fois-ci, je me suis dit : "Non, ils sont allés trop loin il y a cinq ans, quand ils ont tué un garçon de 11 ans." »

Et le journaliste de poursuivre en disant que, malgré tout le battage publicitaire dont on a entouré la brigade Carcajou, les motards n'ont aucunement ralenti depuis. Il interroge également le ministre de la Sécurité publique à propos du fait que le Québec soit, de toutes les provinces canadiennes, le seul territoire où il y ait une guerre si longue et si violente entre des motards. « Les régions urbaines densément peuplées des autres provinces, ajoute-t-il, comme la région du "fer à cheval doré" qui s'étend autour de la partie ouest du lac Ontario, sont des marchés qui ont certainement autant de potentiel pour des activités criminelles lucratives que la région montréalaise. »

Enfin, il termine par une question : « Pourquoi n'y a-t-il qu'au Québec que les parents doivent ajouter une autre inquiétude à toutes les autres, celle des voitures piégées ? »

Voyez-vous, monsieur Ménard, que je ne suis pas seule à vous soupçonner de ne pas avoir envie d'agir réellement face au crime organisé ? Même en cet automne de l'an 2000, j'ai l'impression que vous cherchez à faire reluire le tissu de votre complet ; or, je ne m'adresserai pas à vous avec une bouteille de Pledge dans les mains…

Tandis que vous réclamez la loi attendue depuis longtemps, j'apprends, moi, de mon côté, que vos escouades de policiers téléphonent aux motards avant d'effectuer des saisies chez eux. Cela donne ce type d'avertissement : « O.K., attention les *boys*, on arrive ! Arrangez-vous pour mettre votre matériel à l'abri, mais laissez-en juste assez pour ne pas qu'on passe pour une bande d'amateurs… »

De qui je tiens ces informations ? De l'un des grands *boss* des Hells Angels, monsieur le ministre ! (N'ayez crainte, j'y reviendrai.)

* * *

Le mot le dit : le crime est *organisé*… et je crois de plus en plus que sa tête est au gouvernement. Qu'on me fasse passer pour une « innocente », comme disait M. Ouellette de la SQ, ne changera en rien mon opinion, faite d'autant d'intuition que de constatations. Car il va de soi que je ne puis faire à moi seule la preuve *juris et de jure* de toute la corruption qu'on nous cache sous le couvert de belles paroles, et même sous le couvert des lois que l'on adopte. Mon propos vise plutôt à faire en sorte que l'on se pose de sérieuses questions. Dans quelle sorte de démocratie vivons-nous ? Sommes-nous, chaque jour, magistralement trompés ? Et qui pourra le vérifier ?

On n'a qu'à interroger quelques fonctionnaires œuvrant au sein du ministère de la Sécurité publique pour apprendre, des uns comme des autres, que la corruption « ne peut pas » y être présente, que « les contrôles sont serrés », et que « tout a déjà été mis en œuvre pour empêcher de quelconques dérapages ». Amen. Pendant ce temps, une multitude d'entreprises jouissant d'une existence légale servent de paravent à des activités criminelles tel le blanchiment d'argent, et tous ceux-là qui ont pour nous de si fines assurances le savent parfaitement, et les policiers tout autant, mais ils « ne peuvent rien faire », disent-ils. Or, je ne vois pas de très grande différence entre une porte et une autre… Qu'elle soit d'aluminium ou richement boisée, une porte permet d'entrer.

La pureté affichée des membres de la Chambre des communes comme de l'Assemblée nationale ou de la police me laisse un arrière-goût, un je ne sais quoi de huileux sur lequel glisse ma résignation. J'avais pourtant promis aux enfants et à Michel de tout laisser tomber.

– Puisque tu ne peux pas t'empêcher de rabâcher toujours les mêmes pensées, me fait remarquer Michel, pourquoi ne les écrirais-tu pas ?

J'y ai déjà songé, mais je m'en trouve incapable. Dès l'instant où je m'installe au clavier de l'ordinateur, tout se bouscule pêle-mêle en moi, les événements comme les mots, ma soif de délivrance comme mon impuissance à m'abreuver de phrases qui l'étancheraient. Il me faudra du temps avant qu'elle s'ouvre, ma propre porte, d'entrée et de sortie à la fois... En attendant, je quitte mon fichier de traitement de texte à peine dix minutes après l'avoir ouvert et je me branche plutôt sur Internet. C'est plus facile... et merveilleux ! Saviez-vous que les motards, un peu partout dans le monde, ont leurs sites web ? On peut même y commander des casquettes, des t-shirts... ou de la drogue ! J'ai presque envie d'essayer !

En tout cas, ils ont l'air en pleine forme, les bandits ! De véritables héros ! C'est à croire que rien ne les empêche de *s'épanouir*. De 28 gangs qu'ils étaient en 1995, ils sont maintenant près de 35 au Canada, ayant, malgré les grosses sommes d'argent allouées aux forces policières, malgré les gentilles statistiques publiées dans les journaux et malgré les discours encourageants de nos politiciens, répandu leurs couleurs partout. Et le bilan de la guerre entre les Hells et les Rock Machine démontre jusqu'à quel point ils sont « vaillants » : 103 homicides, 124 tentatives de meurtre, 9 disparitions, 84 attentats à la bombe, 130 incendies criminels, plus une vingtaine de victimes tout à fait innocentes.

D'autre part, personne n'a de chiffres sur le nombre de motards en puissance qui, chaque jour, feuillettent les pages de quotidiens qui, trop souvent et peut-être bien malgré eux, accordent toute une publicité à ceux-là mêmes dont ils dénoncent les crimes. Combien d'enfants et d'adolescents, déjà corrompus, ne rêvent-ils pas d'un joint ou d'une putain « gratuits » ? Certains gamins de dix ans en connaissent beaucoup sur le fonctionnement du crime organisé. Faites-leur savoir qu'une bande criminelle pourra, dès leur majorité et sans qu'ils aient à faire le moindre effort pour réussir leurs études, les mettre à l'abri de la pauvreté et leur procurer un paradis de jouissances de toutes sortes, et que croyez-vous que plusieurs choisiront ?

J'observe mon fils à la dérobée : l'abus de marijuana l'a rendu de *plasticine*. Et j'ai peur, très peur pour lui. Peut-être aurais-je dû, il y a dix-huit ans, m'en faire avorter ? Un grand « non ! » sort tout seul de ma bouche, en même temps que je prends conscience de toute la souffrance, la bête souffrance qui m'a fait, à cette époque de mes dix-sept ans, vouloir de sa vie à mes côtés. J'ai demandé à mon ventre de me donner de l'amour… C'était égoïste et malsain.

Maintenant, combien d'autres femmes se trouvent-elles dans la même situation que celle que je vivais alors ? Le manque d'amour, bien plus encore que le manque d'argent, n'est-il pas le pire des fléaux sur cette terre ?

« Le fléau n'est pas à la mesure de l'homme, on se dit donc que le fléau est irréel, que c'est un mauvais rêve qui va passer », écrivait le philosophe Marcel Camus.

Je n'en suis pas sûre : il est des mauvais rêves qui ne passent pas. La preuve, c'est qu'ils se transmettent d'une génération à l'autre.

11

Un bol de soupe

J'ai lu quelque part que la notion de force centrifuge peut être utilisée pour expliquer pourquoi une moto très penchée dans un virage ne tombe pas. Je trouve que cette image convient parfaitement aux Hells Angels. Même si on investit des millions de dollars en espérant leur chute, ils donneront l'impression d'être déstabilisés un temps, mais voyez leur ardeur à franchir les courbes, ils ne tomberont pas…

Ainsi l'année 2000 est-elle marquée par leur croissance considérable au Manitoba et en Ontario, et leurs activités se multiplient en même temps que leurs gaffes… L'attentat contre le reporter Michel Auger représente une dérive grave, une attaque à la notion même de démocratie, et la colère du peuple est là pour en témoigner. On réclame un Code criminel amendé, qui rendra enfin illégale l'appartenance à un gang criminel, qui permettra d'inverser le fardeau de la preuve et obligera les accusés à prouver qu'ils ont acquis leurs biens honnêtement. Surtout, on demande que les chefs des groupes criminels purgent leur peine au complet. À ce jour, les condamnés ont toujours été admissibles à une libération conditionnelle après seulement un sixième de leur temps derrière les barreaux.

Aux États-Unis, la loi RICO (*Racketeer-Influenced and Corrupt Organizations*) va déjà plus loin. Elle permet d'accuser quelqu'un ayant participé à une activité criminelle organisée de tout genre, y compris dans les cas de corruption politique, et de lui faire écoper de vingt ans de pénitencier de plus que la sentence habituelle. Aujourd'hui, la preuve a été faite que, sous la seule menace de l'utilisation de cette loi, bien des délateurs se sont sentis encouragés…

Comme le disait un procureur, il est grand temps qu'on cesse aussi, chez nous, d'attirer les mouches avec du vinaigre.

Cette fois, par contre, l'affaire semble enfin très sérieuse. On la comparera d'ailleurs à la situation engendrée par les bêtises du FLQ en 1970. On parle maintenant d'un *Big Brother* antigang, d'un Service québécois de renseignements criminels par le truchement duquel les corps policiers pourront se transmettre toutes leurs informations.

J'imagine une bande de costauds motards, un soir, autour d'une bonne table richement mise, garnie de bougies et de vins coûteux, se mettant à humer, la tête penchée au-dessus de leurs couverts, de la soupe… chaude, très chaude…

– Il faut souffler dessus, dit l'un.

– Ouais, ça presse en *câlisse*, de renchérir un autre.

Parce qu'il y a des limites à soulever l'ire de la population, on s'entend pour adopter une stratégie peu coûteuse et efficace : une photo à la une du journal *Allô Police*. Rien de plus, rien de moins.

– *Tabarnac* qu'on est brillants ! Sors la poudre qu'on fête ça !

C'est ainsi que, le 20 octobre 2000, paraît en gros titres : « Les Hells et les Rock Machine font la paix devant nos reporters ! »

Comme c'est touchant… ! La photo, de dimension généreuse (c'est qu'ils prennent de la place, les chefs), nous fait voir « Mom » Boucher donnant une poignée de main « qui dit tout » (???), est-il écrit, à « Fred » Faucher, des Rock Machine. Ils sont soûls, j'en mettrais ma main au feu. Ils semblent avoir le fou rire tous les deux. Derrière « Mom », j'aperçois les restes de ce qui devait être un festin. Tiens, ils en ont laissé…

Une semaine auparavant, les policiers avaient révélé que l'ébauche d'un traité de paix lors du sommet de Québec (une étrange rencontre permise dans un local du Palais de Justice) ne tenait pas et que la guerre des motards se poursuivait toujours. Voilà pour la vérité. Les deux bandes rivales avaient tout simplement choisi de feindre l'accalmie afin de ménager pour un temps l'opinion publique, faisant ainsi diminuer les pressions médiatiques, politiques et policières qui pesaient sur elles.

Voici maintenant pour le mensonge, écrit de la main du chroniqueur Claude Poirier :

« Ils [les policiers] se trompaient manifestement et nos reporters en ont eu la preuve flagrante, dimanche soir 8 octobre, lorsqu'ils ont été conviés à une deuxième rencontre entre les deux bandes de motards dans un chic restaurant' de l'ouest de Montréal. Ils ont pu photographier l'historique rencontre où, cette fois, ils ont fait la paix. »

Il est à noter qu'aucun autre quotidien n'y est représenté. Pourquoi ? « Cela, écrit encore M. Poirier, il faudrait le demander aux motards eux-mêmes, et ils ne sont pas jaseux… »

Vous êtes vous-même fort peu loquace, cher monsieur Poirier. Vous souvenez-vous avec quel empressement vous vouliez entrer chez moi pour « battre le fer » aussitôt après le décès de mon fils ? J'ai alors immédiatement compris que vous aviez le tempérament d'un enquêteur doué, vous. Aussi, je suis quasiment certaine que vous connaissez mieux que quiconque la réponse au *pourquoi* qui nous trotte tous dans la tête…

Du *Journal de Montréal*, un tout autre son de cloche nous parvient. La chaude poignée de main échangée par les deux chefs est considérée par plusieurs hauts gradés des corps policiers comme une simple manœuvre de diversion. De plus, une prétendue « trêve » dans la guerre des motards, même si elle s'avérait réelle, n'aurait rien de rassurant, bien au contraire. À la GRC, on s'en inquiète plutôt, redoutant une escalade des activités criminelles si les deux forces – j'ajoute : centrifuges – devaient s'unir. Les motards ne dépensant plus d'énergie à la poursuite de leur conflit, on imagine facilement, en effet, qu'ils puissent alors se concentrer davantage sur le trafic de stupéfiants, la prostitution, le prêt usuraire et l'intimidation.

Ainsi donc, la soupe n'aura pas refroidi autant qu'on l'espérait… et la loi antigang projetée continue de recevoir l'approbation de la majorité de la population. Il faudra cependant attendre jusqu'en janvier 2002 avant qu'elle ne soit approuvée par le Sénat (il n'y a là rien de bien surprenant, le Sénat n'étant qu'une sorte de maison de repos où viennent *dormir* les lois).

Pour la première fois en six ans, cependant, on sent maintenant que les motos des bandits « penchent » vraiment.

Mais ce n'est pas demain qu'ils n'auront pour dîner qu'un bol de soupe…

* * *

Le 17 octobre 2000, le propriétaire d'un bar de Terrebonne, Francis Laforest, 29 ans, est tué à coups de batte de baseball sur la tête pour avoir refusé de vendre de la drogue dans son établissement. La police connaît les tueurs mais ne peut rien faire en l'absence de témoins oculaires. On montre des photos de la mère du jeune homme dans les journaux : elle me rappelle les miennes où j'apparaissais, méconnaissable. En guise de soutien et d'aide, l'IVAC lui offre la faramineuse somme de 600 $.

Voilà où nous en sommes encore, en cet automne. D'autres innocentes victimes suivront encore. Chaque fois que je lis ou entends parler d'un pareil drame, je « retombe » en 1995... et je te revois, mon Daniel...

Où es-tu donc ? Une amie de Michel, Sylvie, a eu un accident, elle aussi, juste après ton décès. On l'a déclarée morte cliniquement, puis elle est revenue à la vie. La voyant pour la première fois, et sans être au courant de rien la concernant, je détourne les yeux aussitôt après lui avoir été présentée, tant son regard me frappe.

– Qu'est-ce qu'il y a ? me demande-t-elle.

– Rien... C'est juste que... tu as exactement les mêmes yeux qu'avait mon fils Daniel.

– Je le connais.

– Pardon ?

Et la fille, au risque de passer pour une vraie folle, me raconte qu'elle t'a rencontré « quand elle était morte » et que tu avais un message pour moi.

– Et c'était quoi ?

– Ton fils m'a dit : « Dis à maman que je vais bien. »

Est-ce vrai ? Je voudrais tant que tu communiques avec moi, que tu me convainques que ta *vie* se poursuit, « là-haut ». J'aurais tellement moins mal quand, au moindre méfait des motards s'attaquant à des êtres inoffensifs, une grande, une terrible explosion se fait en moi, toute semblable à une jeep qui saute et dont les morceaux me restent sur l'estomac. Je vomis. Je vomis trop souvent.

Il n'y a rien à faire, mon fils : je n'arrive pas à être heureuse.

Je devrais pourtant me réjouir, depuis tant d'années que j'attends et espère qu'on promulgue une véritable loi antigang. Mais, en cinq ans, j'ai subi trop de déceptions pour, aujourd'hui, sauter au plafond. Le fait est que la confiance accordée, une fois perdue, ne se retrouve plus. Elle est comme l'amour.

* * *

Quand décembre revient… Les Rock Machine s'allient aux Bandidos, dont ils prennent aussi le nom, et les hostilités recommencent de plus belle entre eux et les Hells. On n'hésite plus à parler de « terrorisme intérieur » pour qualifier le régime de crainte qu'ils nous imposent. Et il y a de quoi avoir peur. Des femmes, dans des bars, sont droguées à leur insu et se retrouvent, aux petites heures du matin, dans des sous-sols mal famés, le sexe rasé, l'âme perdue. De jeunes gens sont intimidés et contraints à se procurer de la cocaïne. Près des bunkers, on tremble : à tout moment, il risque d'y avoir des explosions ou des fusillades.

Mais c'est la froide saison, et l'hiver, au Québec, on attend le printemps...

Pleurez, oiseaux de février, les forces de l'ordre ont gelé... Il y aura bien quelques interventions ici et là, des accusations de gangstérisme et de trafic de stupéfiants ou quelques procès pour meurtre, mais ils se solderont majoritairement par des négociations favorisant le sort des motards ou, mieux encore, des acquittements purs et simples.

12

Pêche sous la glace

On est le 26 février 2001 et j'ai aujourd'hui 36 ans; l'âge, apparemment, de me faire appeler « madame » pour de bon, même vêtue comme une adolescente. Mais, à l'intérieur de moi, je suis beaucoup plus vieille que cela. J'ai eu cent ans, je crois, il y a presque six ans, et je n'ai pas rajeuni depuis.

Mon amoureux me propose de m'emmener me mirer dans la glace d'un lac… Merci, mon homme!

J'adore la nature sauvage et profonde, les pleines lunes des ciels froids et les feux de bois. Un jour, mon Michel, j'y brûlerai tout ce qui nous est de trop dans cette vie, en commençant par les journaux des autres, tous ceux qui ont photographié ma peine sans jamais la comprendre, sans jamais la défendre, et en terminant par le mien, mon journal à moi, celui qui est si plein de souffrance que je n'ai jamais pu l'écrire. Ce jour-là, l'aube pourra se lever de la bonne couleur sur la neige, dis?

Nous nous rendons dans une pourvoirie lointaine, des provisions plein nos sacs et de quoi fêter comme des rois. Ton cœur est chaud et tendre. Demain, nous pêcherons en tendant nos lignes dans des trous sur le lac. Je me vois laissant tomber un hameçon dans l'eau noire en espérant qu'il en remontera une étoile…

En attendant, nous nous proposons d'aller rejoindre les quelques intrépides qui sont venus aussi et parmi lesquels se trouve un ami à toi.

Dans le chalet, la fête est déjà plus que commencée. Des bouteilles de bière vides jonchent la table. Ton ami nous présente le copain qui l'accompagne, un homme petit, dans la quarantaine sans doute, pas beau, avec une voix qui cherche à en imposer cependant.

Il n'a pas de nom, ou plutôt il en a changé trois fois, paraît-il. Bizarre… Pour ma part, je l'appellerai *The Guy*, disons. Il m'est immédiatement antipathique.

C'est que le monsieur prend tout l'espace, le torse bombé, semblant s'écouter parler.

– Je peux tout dire, *icite* ? nous demande-t-il.

– Pas de problème ! lui répond-on.

Je voudrais déjà partir, mais très bientôt quelque chose m'en empêche, une chose de taille : c'est un Hells Angels ! Alors, je décide de subir son monologue, tassée dans mon coin, les oreilles attentives et les yeux ailleurs (ainsi, il ne me reconnaîtra pas). Il a l'air fier d'un Charles Aznavour sur scène, bien qu'il n'en ait que la taille et pas du tout la brillance. J'ai envie de lui demander s'il se *voyait déjà en haut de l'affiche* quand il a « commencé » à être petit. Cela doit être sûr, me dis-je. Les futurs motards confondent tous célébrité et amour.

J'apprends que *The Guy* est un expert en dynamitage et qu'il n'est pas froussard pour un sou ! Il raconte qu'un soir, lors d'une descente des policiers chez lui, il a camouflé ses explosifs sous les lits de ses enfants, prévenant les flics qu'ils pouvaient perquisitionner partout où ils voulaient, à la condition de ne pas entrer dans la chambre des petits qui dormaient.

– Rien de plus facile ! Ils sont repartis bredouilles, les niaiseux !

Et l'imbécile d'éclater d'un grand rire qui dérape. Il a déjà bu beaucoup, mais il semble capable d'en prendre encore autant. Je fixe la lune ronde par la fenêtre. Tout mon corps bout. Avant même que *The Guy* poursuive son histoire, j'ai le pressentiment d'une révélation importante pour moi. Et celle-ci ne tarde pas, en effet. Quelques minutes plus tard, il en est à décrire dans ses moindres détails le coup monté en vue de sa réalisation le 9 août 1995…

Voyez, messieurs les dirigeants, messieurs les policiers, messieurs les détenteurs du « pouvoir de ne rien faire », comme il est facile d'infiltrer le monde des criminels. Dites-moi, n'allez-vous jamais à la pêche ?

The Guy était, à l'époque, le secrétaire-trésorier des Hells Angels. Un gars riche, très riche, qui possédait aussi une magnifique auberge dans les Laurentides. C'est lui-même qui avait proposé à « Mom » de faire exploser la jeep de l'indésirable Normand « Bouboule » Tremblay. Vu l'accord du grand patron, il en avait donc étudié lui-même le « plan de match ».

Tout ce qu'il raconte corrobore la version de la livreuse de cocaïne. Il est effectivement la « sixième » personne dont elle parlait. (Savez-vous comment conjuguer le verbe tuer à la sixième personne du singulier ? Moi, si. Ça donne : *je m'en fous, j'ai pas plus de cœur que d'éducation…*). Plus ça va, plus le rouge me monte aux joues, tandis que je me retiens de fuir pour aller débagouler dans les toilettes. Jamais, tout au long de sa confession, il ne mentionnera la mort d'un enfant innocent.

Finalement, on me présente… Imaginez : je suis debout en face de lui et il me tend la main en tremblant comme une feuille. Comme je suis grande tout à coup ! Lentement, formant chaque syllabe en insistant, je réponds à sa poignée de main en disant :

– Tu es un trou de cul.

– Oui, je suis un trou de cul, avoue-t-il.

Puis il soulève son chandail et exhibe son ventre et son dos criblés de cicatrices de projectile. De toute évidence, *The Guy* cherche ma pitié. Constatant mon indifférence, il se met en frais de m'amadouer en me révélant certains secrets bien gardés, dont plusieurs cas de corruption chez les flics, et il va même jusqu'à m'offrir un emploi à son auberge ! Je reste de glace… comme le lac et comme la lune me l'a paru toute la soirée.

– O.K., d'abord, finit-il par trancher. Si jamais, ma *crisse*, mes enfants apprennent que j'ai été mêlé à la mort de ton gars, t'es finie, je te tue.

D'un coup, j'explose, je soulève mon chandail à mon tour et je crie de toutes mes forces :

– MAIS VAS-Y ! TIRE ! QU'EST-CE QUE TU PENSES QUE ÇA ME FERAIT DE MOURIR ? J'AI DÉJÀ TOUT VÉCU ! TOUT VÉCU DANS LE MALHEUR !

Chacun, dans le chalet, se tient coi. Je suis on ne peut plus sincère. Des larmes glissent sur mon visage et ma voix est cassée.

– VAS-Y, JE TE DIS ! MA VIE NE VAUT PLUS RIEN, ESPÈCE DE CON ! SAUF QUE JE VAIS TE DIRE UNE CHOSE, UNE SEULE CHOSE : MON FILS, LUI, AVAIT ONZE ANS ! **ONZE ANS !**

* * *

Dans l'eau noire du lac, il n'y a rien que de l'eau noire… et salée. Je ne voulais plus jamais tant pleurer, pourtant.

13

Black Christmas

Les Escouades régionales mixtes (ERM) ont remplacé, depuis 1998, *l'animal* Carcajou, jusqu'alors confiné aux territoires des villes de Québec et de Montréal. Aujourd'hui, chacune des régions de la province peut bénéficier d'une protection policière indépendante mais unie aux autres escouades par l'échange de renseignements, enfin rendu possible grâce à la mise sur pied d'une banque d'informations provenant de la GRC, de la SQ, du SPCUM et de 23 municipalités du Québec.

Il s'agit donc bel et bien d'un *Big Brother* antigang qui, s'il n'est pas Notre Père, mérite qu'on en loue la création, puisqu'on lui devra pour une bonne part, au printemps 2001, quand aura fondu toute la neige de l'hiver, de n'avoir pas à marcher dans trop de merde dégelée sur les trottoirs.

Jamais, en effet, printemps ne m'a semblé plus encourageant que celui-là, où enfin on décide de s'attaquer «pour de vrai» à la violence qui pollue nos villes et nos villages. Encore une fois, je ne puis m'empêcher de me tenir au courant de tous les faits et gestes des policiers qui mèneront à l'arrestation de presque tous les motards, dont six leaders du trafic de la drogue chez les Hells, communément appelés les membres de la Table : Maurice «Mom» Boucher (toute seule dans ma cuisine, je crie : «*Yes!*»), Normand Robitaille, Gilles «Trooper» Mathieu, Denis «Pas Fiable» Houle (ils se donnent des sobriquets qui me font très souvent penser à ceux des enfants des écoles primaires), Michel «Mike» Rose et Richard «Dick» Mayrand. D'après les enquêteurs, ce sont ces six-là qui auraient tiré les ficelles de la longue guerre ayant sévi chez les motards.

On les accuse aujourd'hui, tantôt de meurtre ou de complot pour meurtre, tantôt de gangstérisme ou de trafic de stupéfiants, et, pour faire les choses en grand, le gouvernement investira une quinzaine de millions de dollars dans la construction d'un nouveau centre judiciaire très sophistiqué. Il faut traiter nos zéros en héros, évidemment! À lui seul, «Mom» Boucher coûte 3 000 $ par jour pour sa détention, c'est-à-dire trente fois plus que le montant exigé pour tout autre individu!

Du caviar avec ça?

Chez moi, je brasse vigoureusement l'omelette que je servirai au souper, ruminant sans cesse les propos de *The Guy*, qui prétendait avoir plusieurs amis au sein de la police.

Où en sommes-nous réellement ? Tandis que ministres et députés se pètent les bretelles (moi, j'aurais mal aux seins), je fouille et j'apprends que, depuis 1995, le nombre d'homicides attribuables aux gangs criminels a plus que triplé au pays, que Montréal figure bon deuxième au palmarès des meurtres, juste après Winnipeg, aux prises également avec des bandes de motards, et que, quels que soient les moyens employés pour les combattre, les bandits démontrent et démontreront encore longtemps que leur violence même a fait d'eux *les plus forts.*

La mégaopération policière du printemps 2001 ne sera jamais que ce qu'elle vaut : une façon de rassurer la population sans décourager le lucratif marché noir de la drogue et du sexe. La preuve de ce que j'avance est sous nos yeux : la loi antigang, telle qu'elle sera finalement votée et sanctionnée, restera, si on la compare avec la loi RICO, par exemple, fort gentille pour les motards. Et elle se trouvera bien loin de ce que réclamait la population au lendemain de l'attentat contre Michel Auger, puisqu'on n'y prévoira aucun renversement du fardeau de la preuve, que les condamnés n'auront pas à purger toute leur peine mais seulement la moitié, jusqu'à concurrence de dix ans, tandis que, coup d'éclat oblige afin de séduire l'opinion publique (au cas où il faudrait déclencher des élections générales !), on accordera des pouvoirs extraordinaires aux policiers. Bien ! Ce sont les amis de *The Guy* qui vont être contents !

Ainsi que je l'ai déjà dit, le peuple se contente de peu, puis il oublie. Ça fait l'affaire de nos politiciens.

Par contre, qui se souviendra qu'on est venu à bout d'Al Capone, jadis, par l'entremise des enquêteurs du Revenu ? Qu'attend-on donc pour intervenir et donner le « vrai » coup de grâce aux motards criminalisés ?

« Hé ! hé ! ricanerait *The Guy*, si tu savais comme c'est facile de tout cacher, par *icite* ! »

Et il a bien raison. On dort sur de la dynamite, comme ses deux enfants, mais tant qu'on peut dormir et rêver...

* * *

En octobre, le crime sordide ayant coûté la vie à Marc-Alexandre Chartrand, un adolescent de 17 ans tué devant un bar montréalais par un motard à qui on avait refusé l'entrée et qui a tiré en direction de la porte où faisaient la queue 300 personnes, finit par me faire sortir de mes gonds. Je me joins à la tante et marraine du jeune homme, Simone Chartrand, de même qu'à la mère de Francis Laforest, Michelle Laforest, ainsi qu'à Hélène Brunet, afin de faire front commun, et contre les motards et contre le laxisme des gouvernements. On a tôt fait de nous surnommer, toutes les quatre, les Elles Angels. Mousquetaires désarmés, révoltés, nous unissons nos voix et crions notre commune souffrance, non seulement parce que nous sommes d'innocentes victimes du crime organisé, mais également parce que, plutôt que de nous venir en aide, les autorités ne savent que se moquer de nous. Et je pèse ici mes mots, comme ont pesé sur moi les regards railleurs de tant de politiciens et de policiers.

Maintenant, on voudrait que j'en sois arrivée à user du mot «pardon»… Pardon? Mais que ferait-on à ma place? De quelle sorte de sagesse se sentirait-on investi si, chaque jour que Dieu fait, on était sans cesse obligé de vivre dans l'indifférence la plus totale, sans le moindre soutien?

Je veux, comme Simone, Michelle et Hélène, que vous compreniez, vous lecteurs, ma peine et ma colère. Je veux que vous sachiez que je n'ai jamais rêvé, non, de devenir une vedette du petit écran. Je voulais vivre une vie normale: un mari «ordinaire» qui ne me ferait jamais trop de mal, des enfants en santé, heureux de vivre, quelques chiens, beaucoup de fleurs sur mon terrain… Voyez-vous que je n'ai jamais demandé la lune? Voyez-vous jusqu'à quel point tous vos petits bonheurs quotidiens à vous me sont devenus inaccessibles?

Bien entendu, aussitôt que nous, victimes, réclamons de l'aide financière des gouvernements, des yeux se plissent et nous observent malicieusement, cherchant à déceler chez nous quelque opportunisme. Mais ne voit-on aucune différence entre un accident et un crime majeur? Si mon fils était décédé à la suite d'un accident de la route, par exemple, j'aurais obtenu un bon montant de la SAAQ, que j'aurais sans doute aussitôt investi dans une thérapie. Car perdre un enfant est toujours plus que dramatique. Perdre un enfant est tragique. J'aurais mis des années à m'en remettre, puis, un jour, j'aurais fait la paix en moi, arrivant à concevoir qu'il ne soit plus là, près de moi, mais quelque part dans une nouvelle vie. Peut-être aurais-je pu, alors, me remettre au chant et à l'accordéon, offrir mon visage au soleil et, les yeux fermés, composer une douce berceuse pour les âmes envolées...

Oui, j'aurais fini par pardonner à la Mort...

Mais comment voulez-vous que l'on arrive, nous les mères, nous les parentes, nous les survivantes, à accepter nos vies brisées par la violence gratuite de bandits que l'on continue à porter aux nues, leur consacrant de flatteuses séries télévisées et leur offrant même de notre argent pour qu'ils soient défendus en justice ?

Dites-moi, bonnes gens, comment vous vous sentiriez si on déchargeait un revolver sur votre enfant ? Comme un parent qui vient de voir mourir son petit d'un terrible cancer ? Non ! Comme moi, vous seriez habités d'une effrayante colère, qui ne cessera, en ce qui me concerne, que lorsque je saurai que mes deux autres enfants sont à l'abri des criminels.

* * *

Il m'arrive souvent de songer à ceux-là qui n'ont jamais demandé à venir au monde dans des familles de motards. Je pense à cette petite fille, par exemple, qui récemment, à l'école, racontait sa vie sous le toit d'un Hells Angels.

146

– Mon père? C'est un gros chien sale! Il bat ma mère!

Qui lui viendra en aide?

Je suis fatiguée, vidée. J'ai hâte de ne plus me voir ni à la télévision ni dans les journaux. Depuis que je vis avec Michel, il me demande, chaque jour, de l'épouser. Et chaque jour je le veux!

Par contre, j'ai peur, terriblement peur de n'être pas cette femme libérée qu'il mérite. J'y travaille pourtant, et tellement fort! Mais je sais que je ne puis y arriver toute seule, sans que Justice soit faite et que l'âme de mon petit Daniel puisse s'en aller loin, en paix. Car ma mission est restée la même : il me faut arriver coûte que coûte à apporter ma contribution à une prise de conscience collective, à faire en sorte que les gens de mon pays *voient* enfin à quel point l'appât du gain nous a rendus, tous autant que nous sommes, misérables… puisque misérablement gouvernés par la Corruption elle-même, qui n'a jamais rien connu de la Paix, de l'Harmonie et de l'Amour…

C'est en pensant à ces trois mots-là que je me rends chez mon père, qui maintenant habite aussi à Chertsey, partageant son appartement avec mon fils Benoît. La vie est dure pour lui. Presque toutes les artères de son corps ont dû subir des pontages, il souffre d'arthrose et d'arthrite, et, malgré toute la volonté dont il fait preuve, il n'arrive pas à stopper Benoît dans sa dégringolade vers le vide, le *rien*…

Cher, pauvre père...

J'espère que vous me pardonnerez de n'avoir rien caché de ce que j'ai vécu dans vos bras. Croyez-moi, je n'ai pas eu le choix. La réalisation de ce livre représente pour moi une dernière et ultime tentative d'exorciser les souffrances qui depuis longtemps dressent une barrière de fils barbelés entre moi et le monde.

Je vous aime et vous le savez. Toujours vous avez été à mes côtés, si tendre, si doux. Toujours vous m'avez écoutée quand j'avais de la peine, tandis que maman me faisait si mal avec ses jugements et ses hauts cris à l'emporte-pièce. En vérité, vous m'avez servi de mère bien mieux qu'elle. C'est pourquoi je n'ai jamais pu vous en vouloir d'avoir ainsi blessé mon corps et mon cœur. Comme ce parent qui n'arriverait pas à contrôler ses émotions et s'en voudrait par la suite, vous m'avez comblée de tant d'attentions que ce sont elles que ma mémoire d'enfant a voulu retenir.

Je n'ai rien oublié. Mais il y a longtemps que je vous ai pardonné. À mon tour, donc, d'en espérer autant de vous. Et, puisque vous avez toujours détesté les fausses notes, permettez que mon accordéon reste accordé à votre extraordinaire et si juste diapason...

Je m'imagine écrivant une lettre pareille à mon père. Je m'imagine encore parlant à mes enfants, à Marie-Perle qui a commencé à suivre des cours de chant, à Benoît qui, quelque part dans les nuages, y verra peut-être, un de ces quatre, la forme toute tracée d'espoir d'un beau grand navire… Je voudrais tant… dire mon amour, éclore comme une fleur au printemps, être la première des tulipes à assister au spectacle triomphant de la lumière sur les prunelles de mes enfants. Je voudrais tant de temps…

* * *

Mais nous n'en sommes encore qu'au début de l'hiver. Il y a quelques semaines, j'ai participé à une marche à la mémoire du jeune Marc-Alexandre. Et j'ai marché, marché… sans trop savoir où mes pas me conduisaient, triste, désœuvrée, me sentant la lourdeur d'une église ou d'un bunker… Pour moi, c'est du pareil au même. Je n'ai plus aucune foi, ni en Dieu ni en diable, et il me semble que le soir tombe toujours bien avant son heure.

Mince consolation : j'y ai enfin rencontré le ministre de la Sécurité publique, M. Serge Ménard. « Tiens… Il n'est pas plus grand que *The Guy* ! » me dis-je. Je dus me pencher pour lui parler.

– Monsieur Ménard ! Quel heureux hasard !

J'exagérai ma posture et lui tendis une ferme poignée de main, un grand sourire aux lèvres, tandis qu'il me regardait d'un air interloqué. Quelqu'un l'informa de mon identité. Les journalistes présents auraient dû le prendre en photo à ce moment précis !

– Euh…, fit-il.

– Mais oui, c'est moi! dis-je sur le ton de qui retrouverait un ami disparu depuis des lustres. Ça fait six ans que je vous cours après! Enchantée...! Vous me voyez enchantée!...

Fin de l'anecdote.

* * *

Je n'ai pas le cœur à rire. On est maintenant le 24 décembre 2001 et le paysage, vu de la fenêtre panoramique du salon, n'offre à mes yeux que de grands sapins et des épinettes noires sans aucune lumière ni flocons blancs sur leurs branches.

Il y a à peine deux jours, je me suis empressée de décorer rapidement un arbre de Noël dans la maison, à contrecœur, rien que pour la forme. Je n'avais pas vu comme je l'avais rendu insignifiant. Ce matin, dans la blafarde lumière et tandis que je suis seule à l'observer, il me paraît bien laid, comme s'il avait poussé sur l'asphalte gris de Hochelaga-Maisonneuve. Même les chevreuils, venus se nourrir comme tous les matins dans notre cour, ne m'émeuvent pas. Je ne me sens pas bien.

Si je le pouvais, si cela se faisait, je terminerais mon histoire par de pleines pages blanches, qu'on prenne mon silence pour de grands espaces couverts de neige. Ainsi, on ne saurait jamais si cela finit bien ou mal. Personne n'entendrait parler de mon front brûlant et de l'épuisement qui me gagne, plus le temps passe, et personne ne pourrait rétorquer : « Bon! Ça va faire! Daniel est mort, Josée-Anne ! Ça ne peut pas être sa fête ! Il ne peut pas avoir aujourd'hui dix-huit ans ! Quand vas-tu comprendre qu'il ne sert à rien de te mettre dans des états pareils ? Tu fais pitié à voir. T'es-tu regardée de près ? »

Je ne veux plus me voir de près. Je rêve de m'éloigner de moi-même, pour toujours.

Je frissonne. On dirait que le ciel l'a fait exprès, aujourd'hui, tout boueux qu'il est, pour m'empêcher de fuir. Je me ratatine au creux d'un fauteuil. Je voudrais être une petite fille, tiens, toute neuve sur la Terre, avec une vie qui l'attend, complètement différente de la mienne. Mais j'aurais beau vouloir, il n'est plus aucun rêve qui ait de l'emprise sur mon esprit, plus rien qui me console, plus aucune musique qui me touche.

Suis-je en train de descendre aux enfers, dans le séjour des ombres ? Je l'ignore, empruntant machinalement l'escalier qui conduit au sous-sol.

Une grande photographie de Daniel y est affichée. Je la prends, l'embrasse, souhaite quand même une bonne fête à mon fils, puis cours à la salle de bains et vomis.

Lettre à ma mère

Sans date, au Ciel.

Lorsque l'enfant était enfant
Il marchait les bras ballants
Il voulait que le ruisseau soit une rivière
Et la rivière un fleuve
Et que cette flaque d'eau soit la mer.
Lorsque l'enfant était enfant
Il ne savait pas qu'il était enfant
Pour lui tout avait une âme
Et toutes les âmes n'en faisaient qu'une[1].

Ma douce petite maman,

Je t'entends pleurer d'ici. Ne sens-tu donc pas que j'essaie de toutes mes forces de te consoler, de te toucher, de te faire savoir que je suis là?

Quand j'étais petit, je les voyais, moi, les anges. Il n'y avait pas de Hells Angels parmi eux. Toi, tu ne les

---

1. Extrait du film *Les Ailes du désir*, de Wim Wenders, Allemagne, 1987.

as jamais vus, les vrais anges, ceux qui nous guident et nous protègent ?

Il faut dire que tu n'as pas eu souvent l'occasion d'être une enfant. Papi a pris ton corps comme si c'était celui d'une femme, et mamie, elle a fait de toi sa rivale, une rivale de son âge à elle.

Ma pauvre maman… Laisse-moi, comme autrefois, blottir mon corps contre le tien. Je suis grand maintenant. Je peux t'écouter et te comprendre. Tu ne te sens pas bien ? Tu fais de la fièvre et vomis tout ce que tu manges ? Attends, je vais te chercher des Tylenol. Regarde bien ! Par la fenêtre tu verras tomber deux petits flocons blancs : ce seront les deux pilules que je t'envoie.

> *Lorsque l'enfant était enfant*
> *Il avait le temps de questions comme celles-ci :*
> *Pourquoi est-ce que je suis moi ?*
> *Et pourquoi est-ce que je ne suis pas toi ?*
> *Pourquoi est-ce que je suis ici ?*
> *Et pourquoi est-ce que je ne suis pas ailleurs ?*
> *Quand a commencé le temps ?*
> *Et où finit l'espace ?*
> *La vie sous le soleil n'est-elle rien d'autre qu'un rêve ?*
> *Ce que je vois, ce que j'entends, ce que je sens*
> *N'est-ce pas simplement l'apparence d'un monde devant le monde[1] ?*

---

1. *Ibid.*

Ma maman de toujours,

Ne sois plus si triste. Ton travail est terminé. Je l'ai suivi de près, moi, durant toutes ces années, et laisse-moi te dire combien je suis fier de toi. Grâce à tes efforts, et grâce à ceux d'individus de la même trempe que toi, des tas de gens comprendront maintenant que vous ne pouvez plus, sur la Terre, continuer de vivre comme des imbéciles en guerre, et qu'il est plus que temps que la Paix, l'Harmonie et l'Amour inondent les terrains secs de la bataille.

Vois-tu, maman, je ne trouve pas que tu pleures pour rien, moi; je trouve que tu pleures pour que le monde soit meilleur. Tu fais comme la pluie sur les fleurs.

J'espère que ton livre sera lu par les méchants, et que ça les rendra bien malheureux d'être passés à côté du seul bonheur possible, qui est celui d'aimer.

Est-ce que le mal existe véritablement ?
Est-ce qu'il y a des gens qui sont vraiment mau-vais ?
Comment se fait-il que moi qui suis moi...
Avant que je devienne je n'étais pas !
Et qu'un jour moi qui suis moi...
Je ne serai plus ce moi que je suis [1] *?*

Tu vas mieux ? Il le faut, ma tendre maman d'amour... Car bientôt, c'est-à-dire d'ici quelques lignes

---

1. *Ibid.*

encore, je partirai loin, très, très loin, pour un beau et grand voyage. Tu dois me laisser partir. J'ai bien fait mes valises, tu sais. Dedans, il y a tout ce que tu m'as donné. J'emporte aussi, en pensée, la maquette du parc pour la Paix qu'on avait fabriquée à l'école. Qui sait, elle pourra peut-être encore servir! Car je ne connais rien de l'endroit où je m'en vais. J'espère seulement que les mamans y sont aussi belles et gentilles que toi.

Enfin, je voudrais que tu prennes Benoît dans tes bras et que tu le serres très fort. Je l'aime, mon petit grand frère, et je ne crois pas que le malheur soit inscrit dans sa destinée. Seulement, il a besoin d'amour, de beaucoup d'amour, pour traverser les grandes eaux qui cherchent à le noyer. Encourage-le de ma part!

Quant à Marie-Perle, dis-lui que nous, les anges du Ciel, adorons les filles qui chantent! Embrasse-la tendrement pour moi. Et dis-lui aussi que, vue d'en haut, elle est très belle, avec des fesses pas du tout trop grosses!

En terminant, et puis non... Je n'ai pas envie de terminer... Je pleure aussi, sais-tu?

Crois-moi: je pleure parce que tu me manques, comme je m'ennuie de mon frère et de ma sœur, et que vous me manquerez toujours, tous les trois. Même si, dans des centaines d'années, je n'ai plus aucun souvenir précis de ma vie parmi vous, vos âmes suivront encore la mienne partout, partout...

Et tu seras toujours pour moi, maman, la première des tulipes à s'ouvrir au printemps.

Tâche d'être heureuse.

Ton fils qui t'aime,

Daniel.